SCIENCE COMIC

Why?

SCIENCE
초등과학학습만화
COMIC

Why? 스포츠 과학

예림당

Why? 스포츠 과학

2007년 7월25일 2판1쇄 발행
2013년 8월1일 2판중쇄 발행

회장 | 나춘호
펴낸이 | 나성훈
펴낸곳 | (주)예림당
등록 | 제4-161호
주소 | 서울특별시 성동구 아차산로 153
구매 문의 전화 | 예림M&B 561-9007
팩스 | 예림M&B 562-9007
책 내용 문의 전화 | 3404-9219
홈쇼핑 문의 전화 | 3404-9286
http://www.yearim.kr
ISBN 978-89-302-0262-6 74690

STAFF

내용을 꼼꼼히 감수해 주신 분

백진호

성균관대학교에서 이학박사 학위를 받았습니다. 현재 국민체육진흥공단 체육과학연구원의 책임연구원으로 있으며, 대한육상연맹 스포츠과학위원회 위원, 대한체조협회 연구편집위원으로 활동하고 있습니다. 저서 및 논문으로 〈기초 스포츠 생체 역학〉 〈쇼트트랙 500m 경기 출발동작의 운동학적 특성 분석〉 등 다수가 있습니다.

밑글을 재미있게 써 주신 분

조영선

그동안 스토리를 쓴 작품으로 〈마이크로 탐험대 1,2〉 〈머리가 똑똑해지는 원리과학〉 〈파워업 워드마스터 1,2〉 〈명탐정 어린이 과학수사대 1,2〉 〈우비 기상탐험대〉 〈어린왕자〉 〈아이큐도둑을 잡아라 1,2,3〉 등이 있습니다. 현재 '퍼니C'에서 어린이의 생각과 함께 살아 숨쉬는 작품을 만들고자 노력하고 있습니다.

재미있는 만화를 그려 주신 분

이영호

그동안 〈나홀로 놀이공원에〉 〈나홀로 방송국에〉 〈시장경제는 내친구〉 〈파워업 워드마스터 1,2〉 〈우비 기상탐험대〉 등 많은 그림을 그렸습니다. 현재 '퍼니C'에서 어린이들에게 좀더 친숙하게 다가가기 위해 항상 노력하고 있습니다.

출판콘텐츠개발본부 이사 | 백광균
책임개발 | 연양흠/장효순 박효정 이나영 이연옥 최혜원 김주연 최연진 문지연
사진 | 김창윤/유수환
세밀화 | 이신영
디자인 | 이정애/이보배 김윤실 김신애 이나연 박정수
국제업무 | 고은정/한민혜 장민경
제작 | 정병문/신상덕 전계현 최용태
홍보마케팅 | 박일성/채청용
마케팅 | 예림M&B
사진 자료 협조 | 자원메디칼

Why? 스포츠 과학을 내면서

그것은 아주 감격적인 소식이었습니다.
대한민국 청년, 박태환 선수가 아시아 최초로 세계수영연맹선수권대회 자유형 400m에서 세계적인 선수들을 제치고 금메달을 딴 것입니다. 이것은 아시아인이 서양 선수들에 비해 신체적으로 열등하다는 편견을 깬 것이기에 그 의미는 더욱 컸죠. 사실 그동안 아시아인이 육상이나 수영 같은 종목에서 부진했던 것은 신체적인 차이라기보다는 과학적인 훈련이 부족했던 탓이 컸습니다.
박태환 선수가 세계를 제패할 수 있었던 건 본인에게 알맞은 과학적인 훈련을 꾸준히 해 왔기 때문이지요.
또 2002년 대한민국 축구는 아시아 축구의 세계 제패 가능성을 보여 주었습니다.
그 배경에도 전문적인 지식을 가진 코칭 스태프에 의한 과학적인 훈련이 있었습니다.
왜 스포츠는 과학적이어야 할까요? 그것은 스포츠가 곧 과학이기 때문입니다.
각각의 스포츠에는 물리적, 화학적, 생물학적 요소 등 다양한 과학적 요소들이 숨어 있습니다. 다시 말하면 과학적 요소들이 합해져 하나의 스포츠를 완성한다는 것이죠.
그래서 스포츠의 과학적 원리를 이해하고 운동을 하는 사람들은 남들보다 요령을 빨리 습득하고, 더 좋은 기록을 세울 수 있답니다.
이 책은 여러분이 쉽게 접할 수 있는 농구와 배드민턴에서 곰보 자국 선명한 골프공, 상대의 힘까지 역이용하는 유도의 기술에 이르기까지 다양한 스포츠 속에 숨어 있는 흥미로운 과학 원리들을 쉽게 풀어 냈습니다. 이 책이 여러분과 스포츠를, 스포츠와 과학을 더욱 가깝게 만들어 주는 도우미가 되기를 기대합니다.

* 부모님이 함께 읽고 지도해 주시면 더욱 좋습니다.

CONTENTS

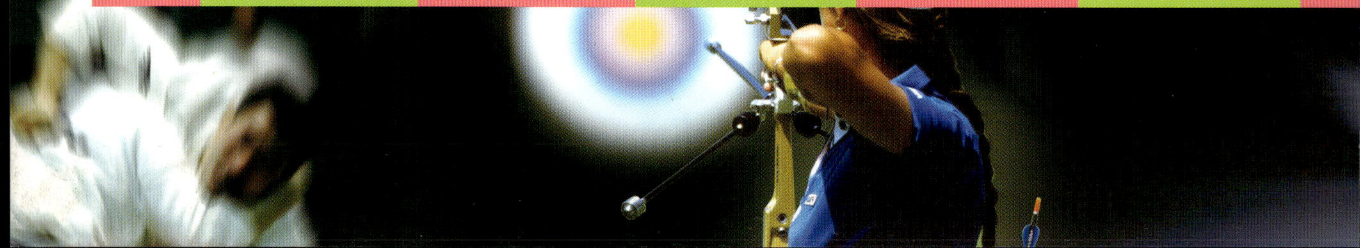

Why?

과학을 잘하고 싶다면 우리 주변의 모든 것에

'왜?' 라는 질문을 던져 보세요.

과학은 아주 작은 호기심에서 출발합니다.

CHARACTER

꼼 지

게임만 좋아하고 운동을 싫어해 엄지보다도 체력이 약하다. 스폿과의 훈련을 통해 조금씩 나아진다.

엄 지

평소 꾸준히 운동하여 체력이 좋고, 스포츠와 과학에 대한 지식이 있어 스폿과 박사에게 인정받는다.

튼튼 박사

오랜 노력으로 만능 스포츠 로봇을 만드는 데 성공했으나 로봇을 노리는 악당들에게 납치된다.

스 폿

만능 스포츠 로봇으로 꼼지를 훈련하는 특수 임무를 맡는다. 악당들로부터 튼튼 박사를 구출한다.

끼릭 끼릭
철컹
좋아, 조금만 더….
이제 마지막 프로그램만
이식하면….
삑
삐삑
번쩍
으하하!
드디어 성공이다!
콰르르
오랜 고생 끝에
드디어 성공한
거야!
튼튼스포츠과학연구소
콰릉

1장

스포츠는 과학이다

꼼지의 체력 측정

헉
헉
삐용
삐용
콰광
히히히, 감히 날 이기려고?
삐용
삐용
탁탁
꼼지야, 나 왔어!
헉… 엄지!
어? 아무도 없네?
요기 있지롱~.
텅~
밖에서 놀고 있나?
킥킥.
에이~ 함께 먹으려고 피자 사 왔는데.
오잉?
피…
피자!
벌컥
흥!

만날 같은 데 숨는데 거기 있는 걸 내가 모르겠냐?
끼우뚱
쾅
피자는?
피자는 무슨 피자!
스윽
피자 말고 허리나 좀 펴자! 만날 컴퓨터 앞에 앉아 있으니 삐뻣 그 자체다. 운동 좀 해!
으아악~
뚜욱
컴퓨터로 두뇌 운동이랑 손가락 운동 하잖아~!
으이구, 순전히 게임만 하면서….
난 커서 과학자가 될 거니까 운동 안 해도 상관없어. 너나 해.
무슨 소리? 운동은 누구에게나 중요한 거야. 운동을 안 하면 몸이 약해진다고.
적정 체중 구하는 방법
(자신의 키-100)×0.9
자신의 체중과 비교하여,
10% 초과 → 과체중
20% 초과 → 비만
100% 초과 또는 45kg 초과 → 병적 비만
* 키에 비해 체중이 정상이라고 반드시 건강한 것은 아니다.
난 운동 같은 거 안 해도 건강해. 키에 비해 몸무게도 정상이라고.
어쨌든 오늘 너 체력 측정해야 한다고 튼튼 박사님이 꼭 데려오라 하셨어.
질
질
땀 흘리는 거 진짜 싫은데!

*스포츠 과학 : 스포츠에 관련된 여러 가지 법칙을 발견하고, 스포츠 활동의 생리적, 심리적인 면과 물리역학적인 측면 등의 여러 가지 과학적 지식을 얻기 위한 학문.

체지방과 비만

체지방은 전체 체중에서 지방이 차지하는 비율이다. 말라도 근육에 비해 지방이 많으면 비만이다.

성인 남자 정상 15~18%
비만 25% 이상

성인 여자 정상 20~25%
비만 30% 이상

체지방 측정의 원리

체지방 측정계에 올라서는 것만으로 우리 몸속 체지방을 어떻게 알 수 있을까요?
우리 몸을 구성하는 성분은 각각 전기저항 값이 다른데, 물은 전기가 잘 흐르고 지방은 전기가 흐르는 것을 방해하는 성질이 있어요. 즉 근육은 수분이 많아 전기가 잘 흐르고, 체지방은 전기가 잘 흐르지 않으므로 전기저항 값을 비교하면 체지방 비율을 알 수 있는 것이죠.

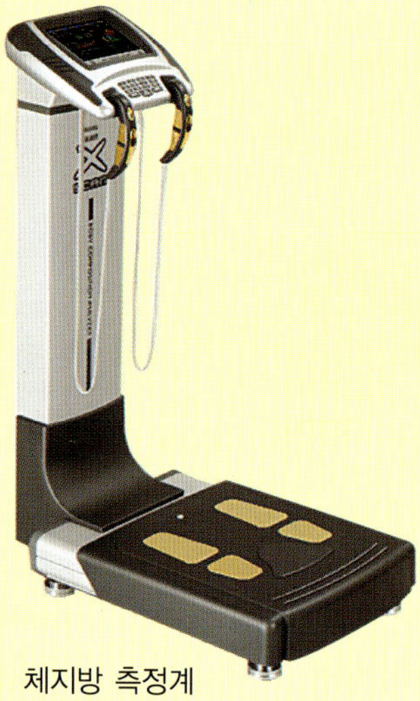

체지방 측정계

*사진 제공 : 자원메디칼

체력 측정 항목

- 순발력, 민첩성 – 50m 달리기
- 전신지구력 – 1,200m 오래달리기
- 순발력 – 제자리멀리뛰기
- 근력, 근지구력 – 윗몸일으키기
- 유연성 – 앉아 윗몸 앞으로 굽히기

키는 어떻게 클까요?

키가 큰다는 것은 우리 몸의 뼈가 성장하는 것인데 뼈의 끝 부분에 성장판이 있어 이 부분이 자라면서 키가 크게 되는 거예요. 성장판은 성인이 되면서 서서히 단단한 뼈로 변화하기 시작해요. 개인차가 있지만 남성은 25~28세, 여성은 23~24세까지 키가 자란답니다.

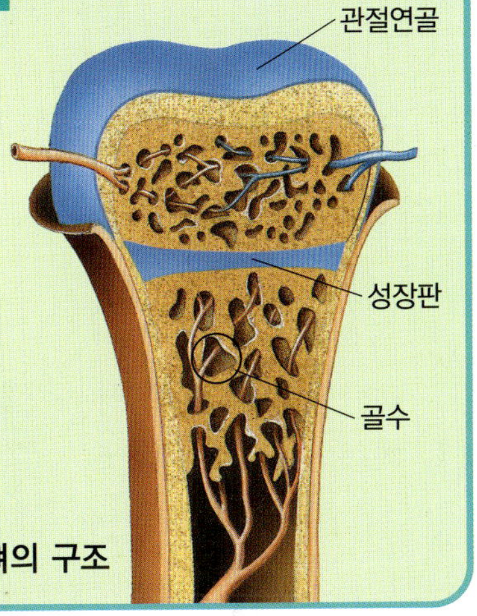

뼈의 구조

성장과 운동

성장을 돕는 운동

적당한 운동은 성장판을 자극해서 키가 크는 데 도움을 준다.

성장에 무리가 가는 운동

지나친 근육 운동은 뼈에 영양 공급을 방해하여 성장에 해가 된다.

과학적인 운동 방법

과학적인 운동은 크게 5가지 원칙으로 요약할 수 있지.
1. 과부하의 원칙
신체의 어느 기관이나 기능을 발달시키기 위해서는 일상적인 수준 이상의 운동이 필요하다. 처음엔 무리가 가지만 이후 적응하며 신체가 발달하게 된다.
힘 쓸 필요가 없으니 적어도 돼.
큰 힘을 내려면 근육을 더 발달 시켜야겠군.
그래서 근육을 키우려면 자신의 평소 움직임보다 운동의 강도를 높여야 한다.
가까운 곳은 이제 빠르게 걷자!
2. 점진성의 원칙
갑자기 강한 운동을 하면 몸이 견뎌 낼 수 없어 피로하게 된다. 운동은 가벼운 것부터 시작하여 차츰 강도를 높인다.
옛날 용사들은 차츰 무거운 소를 들면서 훈련했다는 얘기도 있지.
3. 반복성의 원칙
한 번에 몰아서 운동을 하거나 불규칙적으로 하게 되면 운동의 효과가 나타나지 않고 오히려 몸을 다치는 원인이 될 수 있다.
난 왜 근육은 안 생기고 피곤하기만 할까?
나처럼 운동을 꾸준히 규칙적으로 해야지.
공부도 벼락치기 하면 금세 까먹는 거 너도 잘 알지?
헤헤.

4. 개별성의 원칙

사람마다 신체 능력이 다르기 때문에 운동의 강도도 그에 맞추어 해야 한다.

5. 특이성의 원칙

운동마다 얻을 수 있는 효과가 다르기 때문에 운동을 통해 개선할 부분을 결정하여 적합한 운동을 선택한다.

*심폐지구력 : 신체가 산소를 받아들여 운동을 지속할 수 있는 능력.

우리 몸에 나타나는 운동 효과

머리 기분을 상쾌하게 하며 스트레스를 줄여 준다.

심장 기능이 좋아져 혈액순환을 원활하게 한다. 운동을 오래 지속할 수 있고 동맥경화나 심장병을 예방한다.

폐 호흡을 돕는 근육이 튼튼해져 폐활량이 증가하고 산소 섭취량이 증가한다.

허리 체지방, 내장 지방이 줄어 비만을 예방한다.

근육 근육을 강하게 만들어 오랜 시간 힘을 쓸 수 있다.

면역기능 운동을 규칙적으로 하면 몸속 여러 기관의 대사를 원활하게 해 주는 호르몬이 분비되어 면역 기능이 좋아진다.

대장 대장암에 걸릴 위험이 줄고 배변 기능이 좋아진다.

뼈 뼈의 밀도를 증가시켜 뼈를 튼튼하게 하고 골다공증을 예방한다.

유산소 무산소 운동

유산소 운동

걷기, 자전거 타기, 수영 등 가볍게 오래 할 수 있는 운동이다. 유산소 운동에서는 호흡을 통해 근육세포에 필요한 산소가 충분히 공급되어 탄수화물을 에너지로 만드는 과정에서 젖산을 만들지 않고 에너지가 생성되므로 오랜 시간 운동이 가능하다. 다이어트에 효과적이다.

무산소 운동

단거리달리기, 역도, 팔굽혀펴기 등 단시간에 큰 힘을 내는 운동이다. 갑자기 많은 에너지가 필요하게 되어 산소 없이 근육 내의 글리코겐을 분해하여 급속하게 에너지를 만들게 된다. 이러한 과정에서 젖산이 생겨 근육을 피로하게 하므로 오랜 시간 운동하기 힘들다. 근육과 힘을 기르는 운동이다.

*젖산 : 심한 운동을 할 때 증가하며 운동에 의한 근육의 피로를 느끼게 하는 물질.
*글리코겐 : 세포의 에너지원이 되는 글루코오스를 즉시 이용할 수 있도록 저장한 형태의 물질.

산소
지방세포들이 분해된다.
몸의 지방은 산소와 결합해야 분해가 되므로 흔히 살을 빼려면 유산소 운동이 좋다고 하는 거란다.
지방은 유산소 운동을 중저 강도로 20분 이상 계속할 때 에너지원으로 사용되어 분해된다.
내가 날씬한 이유가 다 있지.
날씬하면 뭐 해? 키는 땅콩만 하면서.
뭐? 땅콩!
화르르
하나만 집중적으로 하기보단 유산소, 무산소 운동을 같이 하는 게 좋지.
전 남자니까 멋진 근육을 위해 무산소 운동만 집중적으로 할래요!
일단, 그 똥배부터 빼고 시작하시지!
메롱~

웨이트 트레이닝은 대표적인 무산소 운동이다.

조깅은 대표적인 유산소 운동이다.

피로의 원인 젖산

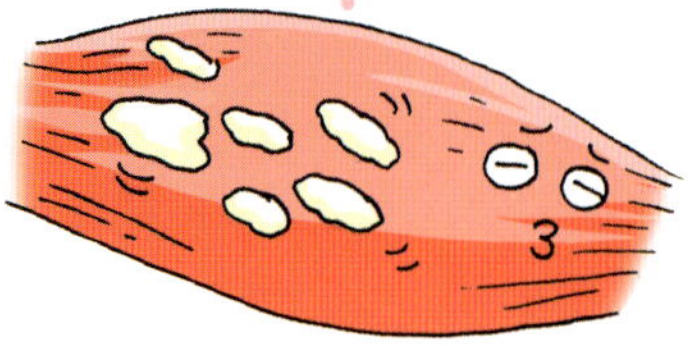

근데 전 운동만 하고 나면 몸이 너무 피곤하고 다음날 팔다리가 많이 아파요.
그건 운동을 꾸준히 하지 않아서 몸에 피로 물질이 쌓였기 때문이야.
근육의 피로는 몸에서 에너지를 만들 때 글리코겐이 분해되면서 생성되는 '젖산' 때문이다.
글리코겐 분해
젖산
운동으로 젖산이 쌓이면 근육은 피로를 느끼게 된다.
젖산
근육
좀 쉬어, 너무 무리했어.
그럼 젖산만 없앨 수 있다면 피로도 사라지겠네요?
젖산은 산소만 있으면 분해되기 때문에 가벼운 유산소 운동에서는 쌓이지 않고,
산소
산소
앗!
격렬한 무산소 운동에서는 분해가 되지 못해 쌓인다.
더 이상 못 움직이겠다.
후들
후들
그렇지, 가벼운 유산소 운동을 하면 가장 빨리 젖산을 분해할 수 있어.

또 다른 방법도 있단다.
빨리 가르쳐 주세요!
젖산은 녹는점이 25~26℃이므로 운동 후 몸을 따뜻하게 하면 젖산이 빨리 분해된다.
그래서 운동 후 따뜻한 물로 샤워를 하면 피로가 풀리는 거야.
선수가 경기 후 몸을 타월로 감싸고 있는 것도 몸이 식는 것을 막아 근육의 피로를 풀어 주려는 것이다.
또 평소에 유산소 운동으로 산소 섭취량을 늘리면 피로에서 빨리 회복될 수 있지.
폐활량이 크면 그만큼 산소 섭취를 많이 할 수 있어 젖산이 쌓이는 양을 줄일 수 있다.
아하, 그래서 운동선수들이 오래 뛸 수 있는 거구나.
맞아, 박지성 선수는 지치지 않는 체력으로 유명하잖아?
착착착
그래서 '두 개의 심장을 가진 사나이'라고도 불리지.

스포츠와 심장

어? 체력이 좋은 거랑 심장이랑 무슨 상관이죠?
아까 에너지를 만들기 위해, 또 젖산을 분해하기 위해 필요한 게 뭐랬지?
산소요!
옳지, 그럼 산소는 어떻게 우리 몸으로 들어갈까?
하하, 그 정돈 상식이죠.
공기를 마시면 숨관을 통해 폐로 들어가게 되죠. 히히.
맞다! 그럼 그 산소는 어떻게 온몸으로 퍼질까?
적혈구
산소
아! 피예요. 피 속의 적혈구가 혈관을 타고 산소를 온몸에 운반하죠.
그렇지, 심장이 튼튼하면 많은 산소를 빨리 온몸에 공급할 수 있지. 그럼 많은 에너지를 만들고, 피로도 빨리 사라지겠지?
아~

1992년 바르셀로나 올림픽 마라톤 금메달리스트 황영조 선수는 선수 시절 1분당 심박수가 38까지 떨어진 바 있다.

보통 심장과 스포츠심장

생활하는 데 필요한 혈액 이동량은 1분에 5ℓ 정도로 정해져 있다. 보통 사람은 70~80회의 박동으로 5ℓ를 채우지만 운동선수는 40~50회만으로 5ℓ를 채운다. 즉, 똑같이 100회를 박동한다면, 혈액의 이동량이 많아 빨리 산소를 공급하여 에너지를 많이 만들 수 있는 운동선수들이 일반인들보다 격렬한 운동을 잘 소화해 낸다.

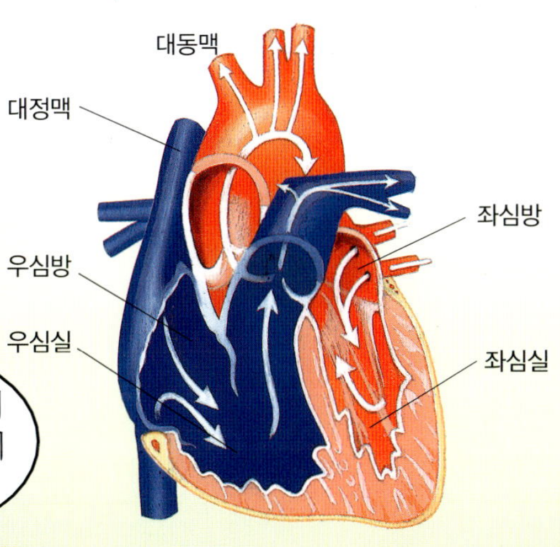

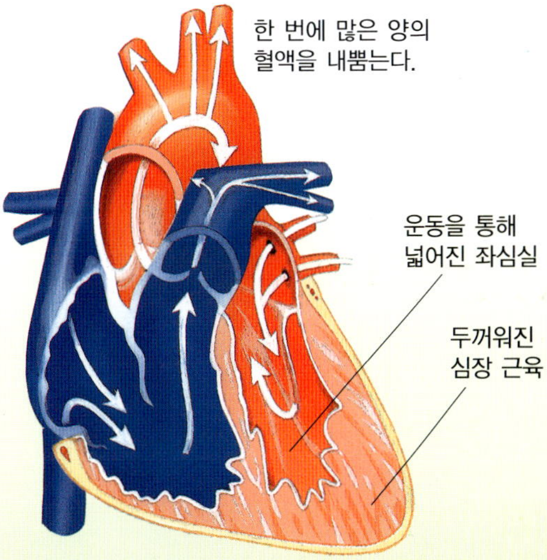

보통 심장

보통 사람들은 심장이 한 번 뛸 때 70㎖의 혈액이 나와 생명 유지에 사용된다.

스포츠심장

운동으로 심장의 기능이 발달하여 한 번 수축으로 많은 혈액을 온몸으로 보낼 수 있다.

파워 워킹

으아~ 박지성 선수 처럼 되려면 얼마나 많은 운동을 해야 하는 거지?
운동은 어려운 게 아니야. 생활 습관만 바꿔도 건강해질 수 있단다.
습관을 바꿔요?
일찍 자고 일찍 일어나는 습관, 엎드려서 책을 보지 않는 습관, 또 몸을 자주 풀어 주는 습관 등은 건강에 도움이 된다.
사람이 살이 찌는 이유는 먹은 만큼 에너지를 소비하지 않기 때문이다.
활동량=먹은 음식량 ➔ 체중 유지
활동적인 사람에 비해 앉거나 눕기 좋아하고, 활동량이 부족한 사람은 살이 찌게 된다.
활동량<먹은 음식량 ➔ 비만
딱 꼼지 네 얘기다! 하하~.
휴~, 이 뱃살들…, 난 이 뱃살만 빼면 완벽한데.
네 한 가지 습관만 바꿔도 크게 도움이 될 거다.
정말요? 어떤 건데요?
바로, 걷는 자세!

바른 자세로 힘차게 걸으면 곧은 체형이 유지되고, 근력과 심폐 기능이 향상된다.

구부정한 자세는 뼈에 무리를 주어 비정상적인 체형을 만든다.

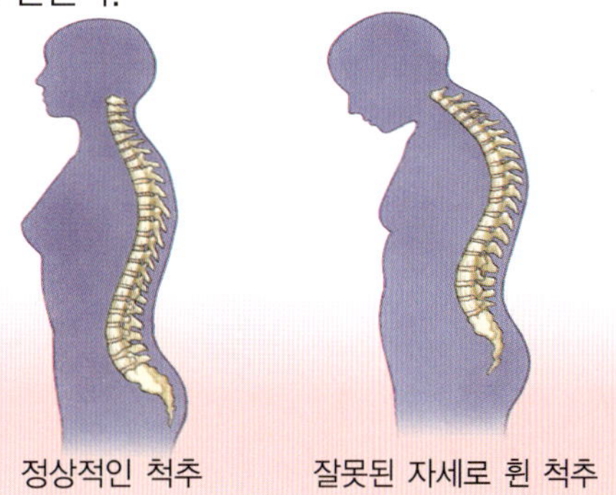

파워 워킹의 기본 자세

· 시속 6.4~8.0㎞ 정도로 빨리 걷는다.
· 허리가 너무 돌아가지 않게 한다.
· 양팔은 조금 높게 힘차게 흔든다.

체지방을 줄이는 데는 달리기보다 쉽고 오래 할 수 있는 걷기가 좋다.

발 딛는 순서

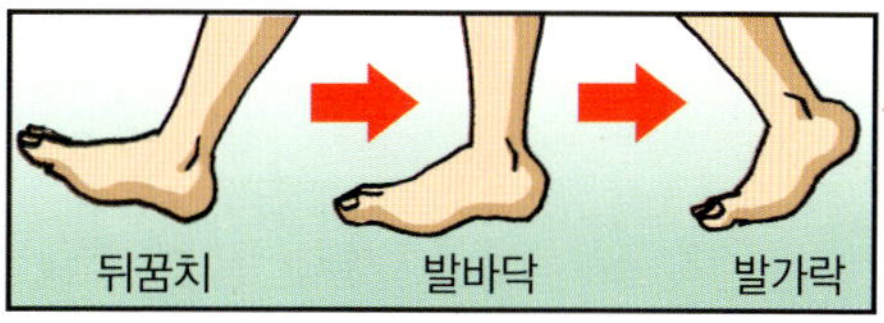

괴한들의 습격

좋아! 나도 오늘부터 파워 워킹할 거야!
날씬해진 내 모습에 반하지나 마시라.
쳇! 그럴 일은 없을걸. 그 결심이 얼마나 갈까?
운동에서 가장 필요한 건 인내심! 너는 그게 제일 부족해.
이상하단 말야. 처음 3일은 잘하는데…, 히히.
꼼지는 무서운 사람이 옆에서 매일 혼내며 지도해야 해요.
안 그래도 꼼지를 지도해 줄 선생을 대기시켜 놓았다.
헉! 선생님?
저… 혼자서도 충분히 할 수 있다고요.
와! 운동 잘하는 분이겠네요. 멋지겠다.
저… 전, 화… 화장실 좀….
휙

도망갈 생각은 안 하는 게 좋을 거다.
그… 그럼요….
에구…, 이럴 줄 알았으면 평소에 운동 좀 해 둘걸.
난 체육 선생님이 제일 무섭던데….
쪼르르…
끼아악!
?!
엄지야! 무슨 일이야?
바… 박사님이, 박사님이….
타타탁
박사님이 괴한들에게 잡혀 가셨어!
뭐…, 뭐라고?

후후후.
부우웅
만능 스포츠 로봇과 박사를 손에 넣었으니 우린 이제 세계 제일의 부자가 될 거야, 크크!
읍! 읍!
부웅
근데 이게 정말 만능 스포츠 로봇이란 말이야? 어째 좀 단순하게 생겼는데….
둥실
둥실
신형일수록 디자인이 단순한 법! 모르면 잠자코 있어!
전화가 불통이야. 경비 아저씨도 안 보이고.
탁
탁
흑
흑…, 할아버지!
어? 이게 뭐지?
이건 할아버지 연구실 열쇠 같은데….

스폿과의 만남

이 안에서 네 친구가 만들어지고 있단다. 로봇이지.
연구실
아! 그래.
어서 할아버지 연구실로 가 보자.
둥
유… 유리관 속에 사람이 들어 있어….
뭐지?
연구실 열쇠가 맞는 거 같아, 끼워 볼게.
철컥
파앗

목표물 발견! 이름은 꼼지!
헉! 내… 내가 목표물?
위잉
투둑
툭
헉! 괴물이다! 도망가자!
잠깐!
파앗
와, 정말 빠… 빠르다!
촤악
꺽
하하하! 꼼지! 훈련도 안 받고 어딜 가려고!
난 무슨 일이 있어도 꼼지를 훈련하도록 프로그램되어 있다. 내 이름은 스폿! 만능 스포츠 로봇이지.
후… 훈련?

2장

스포츠 속의 숨은 과학

스트레칭과 몸의 균형

간단한 스트레칭만으로도 운동 효과를 크게 증가시킬 수 있다.

스트레칭을 하면 뼈와 근육의 긴장이 풀려 동작이 부드러워진다.
헛 둘!
헛 둘!
몸이 풀린 상태에서 운동을 하면 경련 또는 인대가 늘어나는 등의 부상을 예방할 수 있다.
헉, 다리에 쥐가….
몸이 운동을 위한 준비를 할 수 있어 운동 시 개인의 능력을 충분히 발휘하게 된다.
준비 완료!
맞아! 물에 들어가기 전 준비운동을 하면 다리에 쥐가 잘 안 나.
헛 둘!
헛 둘!
운동 경기 전에 선수들이 미리 몸을 푸는 이유도 충분히 능력을 발휘하기 위해서구나.
또 스트레칭은 정상적인 체형을 유지하는 데 도움이 돼.
오래 고개를 숙이고 있으면 무거운 머리 무게를 어깨와 목 뒤의 근육들이 지탱하기 때문에 목과 어깨가 뻐근해진다.
무게
근육
찡
찡

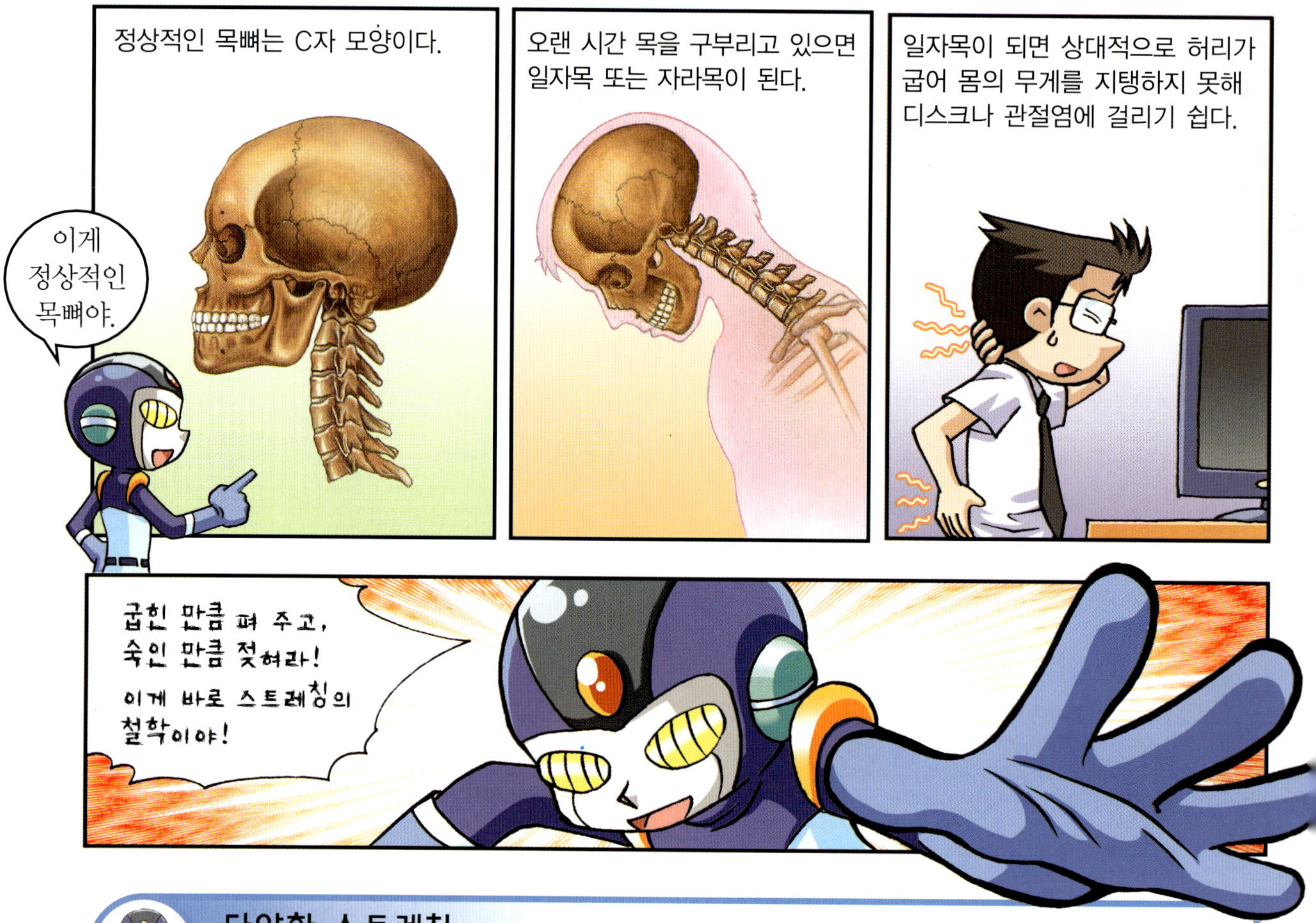

다양한 스트레칭

스트레칭은 준비운동으로의 기능뿐 아니라 운동 후에도 젖산의 분해를 촉진하여 피로 회복을 돕고 뭉친 근육을 풀어 준다.

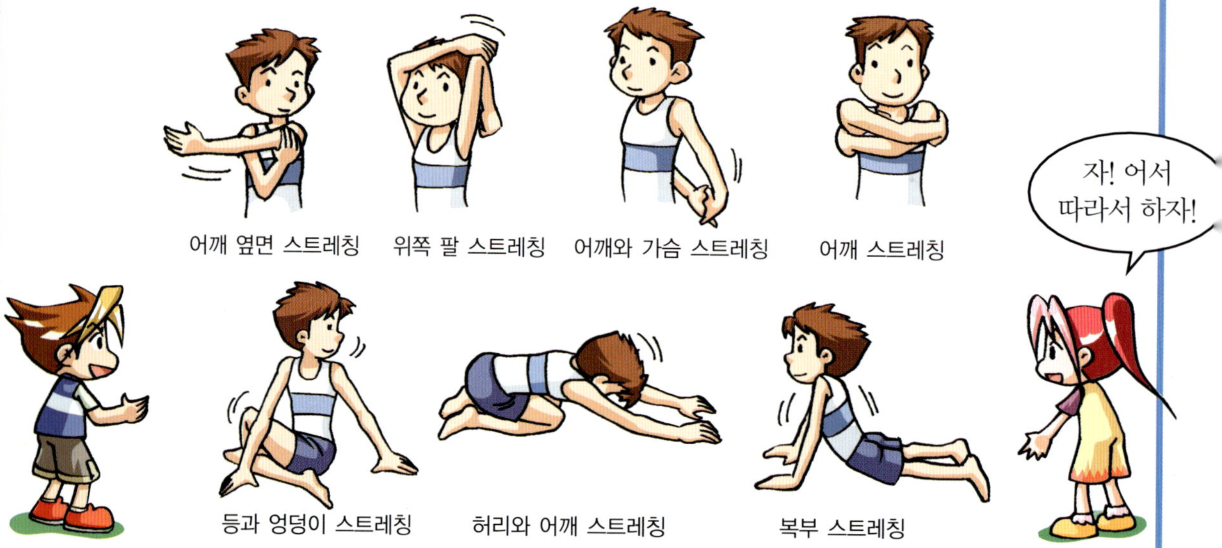

단거리달리기 속 과학

이제 몸이 좀 풀리는 것 같아.
나도 몸이 가뿐해졌어.
좋아, 밖으로 나왔으니 지금부터 육상 훈련 시작!
무… 무슨 소리야! 이럴 때가 아니라니까. 어서 신고부터 해야지!
신고는 무슨 신고!
순순히 이쪽으로 오시지!
레슬링 훈련용 인형으로 감히 우릴 속여!
할아버지를 납치한 자들이군!
저, 저들은….
잘됐어! 자, 뛰어! 단거리 훈련 시작!
엄마야~!
아앗! 저 녀석들이 달아나잖아? 잡아랏! 어서!

단거리달리기의 출발 자세

단거리달리기에서는 출발 속력이 기록 단축에 큰 영향을 준다. 자세를 낮추어 출발하는 이유는 허리를 굽혀 주면 서 있을 때보다 무게중심이 낮아지고 '정지 관성'이 작아져서 안정된 자세로 빨리 뛸 수 있기 때문이다. '작용 반작용의 법칙'을 최대한 활용하여 땅을 박차고 출발하면 땅을 밀어낸 만큼 땅이 나를 미는 힘에 의해 더 빨리 뛸 수 있다.

제자리에 차려 출발

*작용 반작용의 법칙 : 질량을 가진 물체는 밀어낸 만큼 다시 되미는 힘이 생기는데 두 힘은 방향이 다른 같은 크기의 힘이다.

오래달리기 속 과학

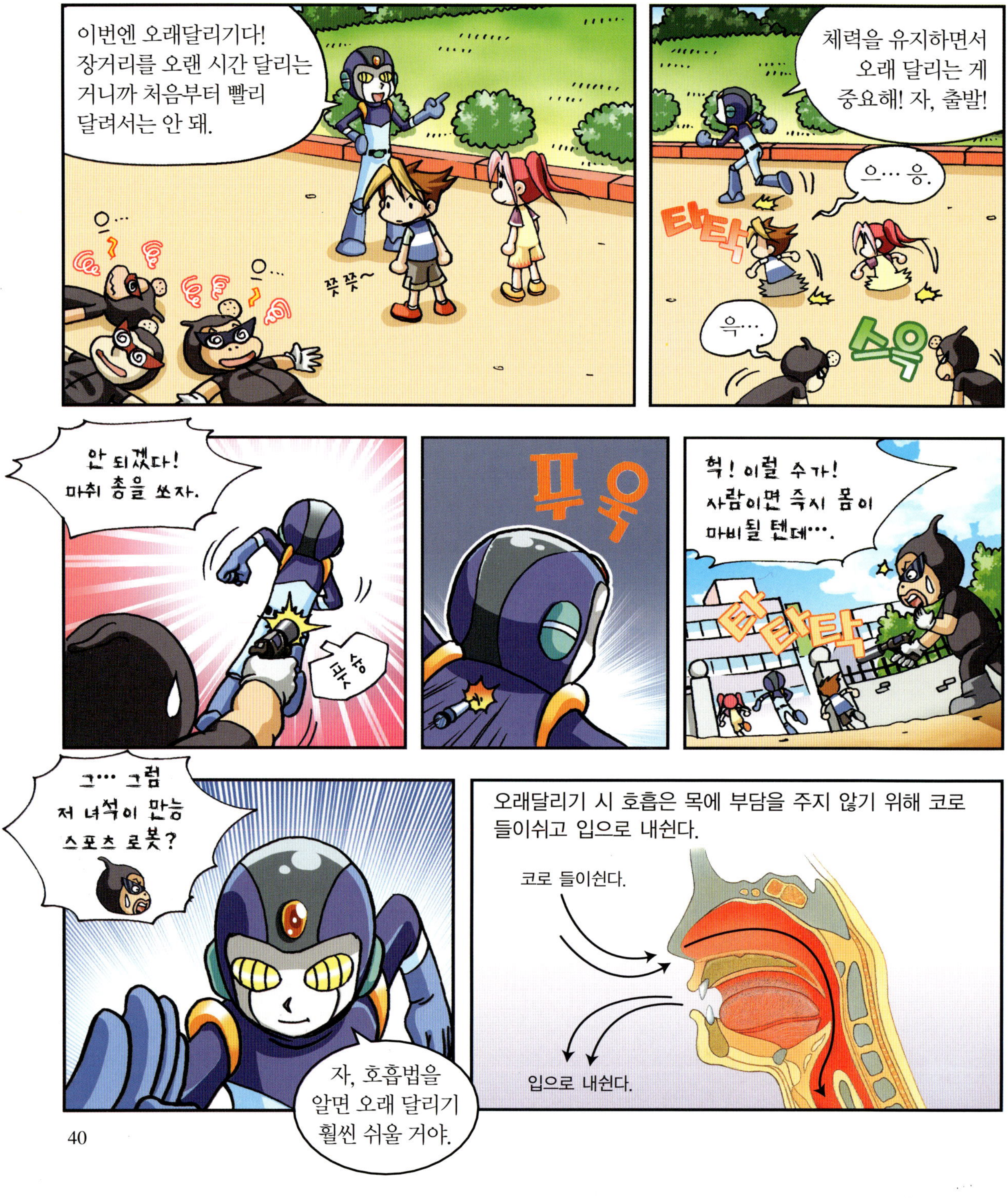

이번엔 오래달리기다! 장거리를 오랜 시간 달리는 거니까 처음부터 빨리 달려서는 안 돼.
으…
으…
쯧쯧~
체력을 유지하면서 오래 달리는 게 중요해! 자, 출발!
으… 응.
타탁
윽….
스윽
안 되겠다! 마취 총을 쏘자.
푸슝
푸욱
헉! 이럴 수가! 사람이면 즉시 몸이 마비될 텐데….
타타탁
그… 그럼 저 녀석이 만능 스포츠 로봇?
자, 호흡법을 알면 오래 달리기 훨씬 쉬울 거야.
오래달리기 시 호흡은 목에 부담을 주지 않기 위해 코로 들이쉬고 입으로 내쉰다.
코로 들이쉰다.
입으로 내쉰다.

하지만 달리는 시간이 길어질수록 힘이 들어 산소가 많이 필요하게 되므로 이때부터는 코와 입을 동시에 사용하여 호흡한다.

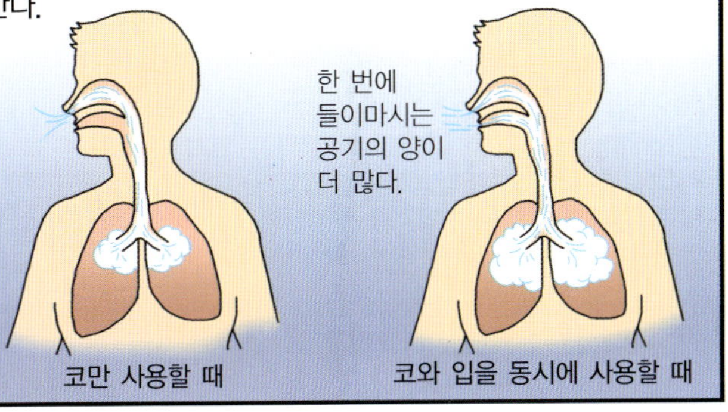

호흡의 종류

복식호흡 배가 부풀어 올랐다 내렸다 한다.

흉식호흡 가슴이 부풀어 올랐다 내렸다 한다.

숨을 들이쉴 때－가로막이 아래로 내려간다.

숨을 내쉴 때－가로막이 위로 올라간다.

숨을 들이쉴 때－갈비뼈가 몸의 앞쪽으로 움직인다.

숨을 내쉴 때－갈비뼈가 몸의 뒤쪽으로 움직인다.

멀리뛰기 속 과학

신고는 벌써 했지. 내가 나오기 전 비상벨을 울렸으니 경찰들이 출동했을 거야.
저… 정말?
졸졸졸
그럼 우리도 빨리 돌아가야지!
휙
무슨 소리! 너희는 괴한들에게 잡히지 않기 위해 훈련을 받아야 해.
콰당
괴한들의 목적은 나! 난 너희와 함께할 거고, 결국 너희는 늘 위험에 노출돼 있는 셈이지.
너 때문에 우리까지 이게 뭐냐!
아냐, 우리도 체력을 키워 박사님을 구해야 하잖아.
하긴….
으하하! 멀리 도망가진 못했군!
너희는 이제 독 안에 든 쥐다.
으아, 뒤… 뒤는 도랑이야.

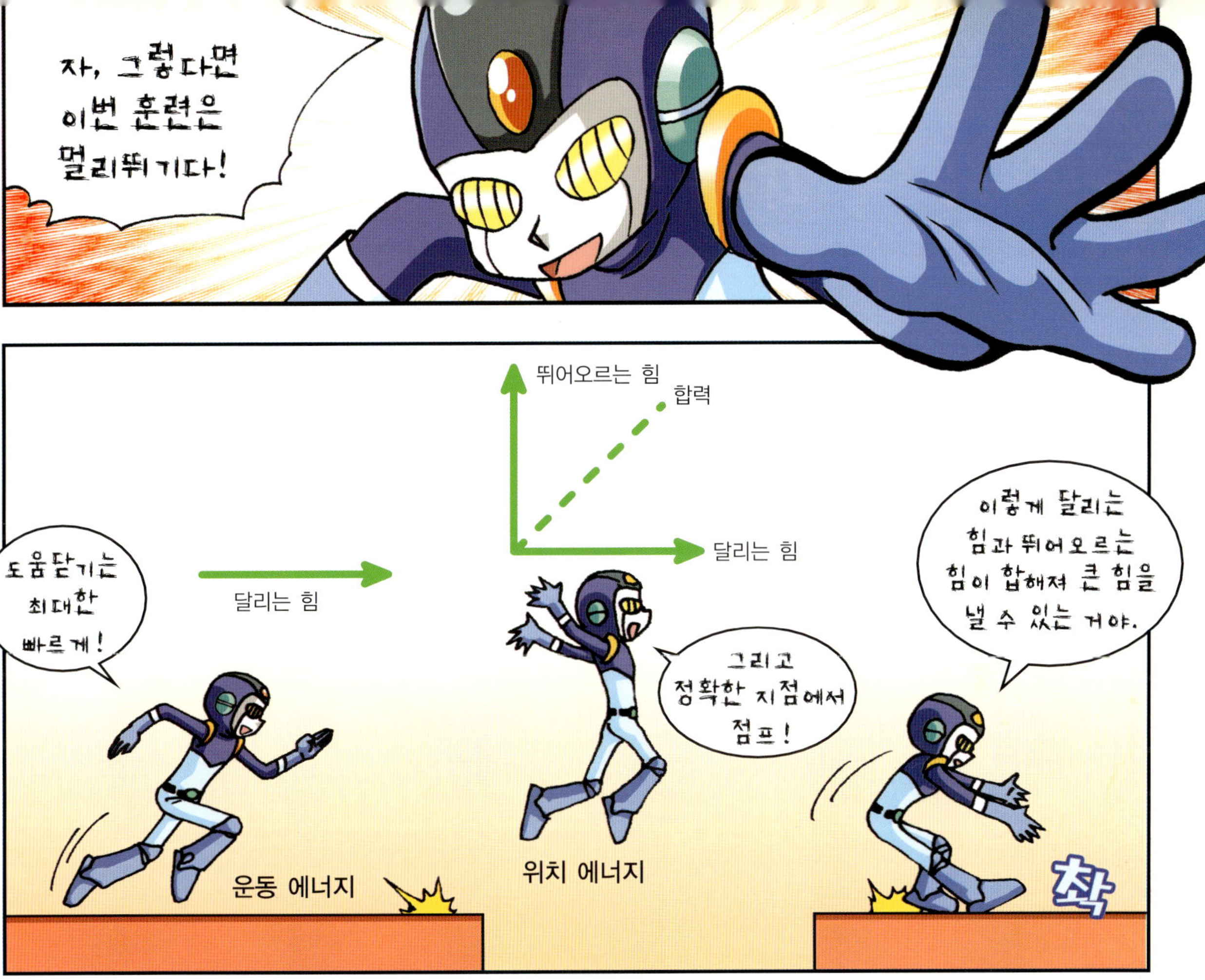

멀리뛰기는 도움닫기로 얻은 가속도와, 발구르기로 지면을 밀어낸 만큼 지면이 나를 되미는 '작용 반작용의 법칙'에 의해 멀리 뛸 수 있다.

던지기 속 과학

PC방
으아~, 살려 줘!
타얏
이런! 도움닫기가 부족했어!
쭈욱
우와~스폿! 고무팔같아!~
휴우~.
턱
어서 건너지 않고 뭣들 해!
휙
!!
으아아! 저리 가!
탁
하하하, 그거 우리 맞히려고 던진 거냐?
풍덩
휘휙
딱
헉!

창던지기 도움닫기와 던지는 각도가 중요하다.

원반던지기 회전운동과 던지는 타이밍이 중요하다.

*원심력 : 물체가 원운동을 할 때 원 바깥으로 움직이려는 성질.

장대높이뛰기 속 과학

으아, 어느새 다 넘어와 버렸어.
처척
자, 빨리 따라와!
멈칫
앗, 여긴 막다른 골목이잖아.
하하, 이번이야말로 독 안에 든 쥐다.
크하핫
후후, 걱정 마. 일부러 이쪽으로 온 거니까.
뭐?
뭐? 일부러 우릴 잡히게 만든 거야.
진정해, 스폿에게 뭔가 생각이 있을 거야.
물론 있지, 바로 이 장대지!
척

장대높이뛰기는 탄성을 이용한 대표적인 스포츠이다.

*탄성 : 힘을 받아 변형을 일으킨 물체가 힘이 제거되었을 때 원래의 모양으로 되돌아가려는 성질.

수영 속 과학

그런데 언제까지 이렇게 도망만 다닐 거야?
괴한들과 싸워 할아버지를 구해야 한다고.
오! 생각보다 용기 있는데?
저기 있다!
으아! 도망가자!
후다닥
자! 이번에는 수영 훈련이다!
헉! 난 수영 못해!
지금까지 뛰어서 준비운동은 됐으니 어서 들어가!
첨벙
으아~!
턱
으아아, 살려 줘! 난 수영 못해!
허우적
허우적
스폿!
자, 진정하고 몸을 수평으로 만들어 봐. 사람은 누구나 물에 뜰 수 있으니까!

둥실
둥실
어? 저… 정말 물에 뜨네?
몸을 수평으로 만들면 물의 부력을 받는 면적이 커져서 더 잘 뜰 수 있어.
같은 쇠라도 형태에 따라 물에 뜨고 가라앉는 성질이 달라진다.
물과의 밀도 차이 때문에 물에 뜨기도 하고 가라앉기도 하는 거야.
밀도 = 질량/부피
크기에 비해 무게가 많이 나가는 것이 밀도가 크다고 할 수 있다.
20kg
<
120kg
비중은 물을 1로 정했을 때의 다른 물체들의 밀도인데, 비중이 1보다 큰 물체는 가라앉고, 1보다 작은 물체는 뜬다.
비중이 1보다 크다.
비중이 1보다 작다.
신체 부위의 비중
이-2.240
다리 동맥-1.071
뇌-1.944
근육-1.058
머리카락-1.290
폐-1.054
간-1.053
피부-1.190
손톱, 발톱-1.197
배의 지방-0.942
누우면 배 부분은 뜨고 다리 쪽은 가라앉는다.
※지방이 많은 사람일수록 물에 잘 뜬다.
그래서 전체적으로 물에 가라앉지만 호흡이나 자세에 따라 뜨는 정도는 달라질 수 있어.
지방을 빼고는 모두 물보다 비중이 크네.

그 정도 실력을 어디서 뽐내! 너희도 어서 물로 들어가!
나 수영 못하는데….
난 물만 보면 울렁거려서….
어서 잡아!
으~.
메롱!
그럼 배를 타고 가서 잡자!
앗!
우르르
으아~, 큰일이다!
땅을 박차듯 물을 박차면 앞으로 나아갈 거야. 자, 어서!
물하고 땅하고 같냐?
우리가 땅을 박찰 때 땅은 그 반대 방향으로 우리를 밀어낸다. 그 힘 때문에 우리가 앞으로 나아갈 수 있는 것이다.
땅을 미는 힘 작용
땅이 미는 힘 반작용
박차고 나아갈 것이 없네.
허우적
허우적
그래서 거의 진공 상태인 우주 공간에서는 발버둥을 쳐도 앞으로 나아갈 수 없다.

물과 같이 질량을 가진 물체는 밀어낸 만큼 다시 되미는 힘이 생기는데 이것을 '작용 반작용의 법칙'이라고 한다. 두 힘은 방향이 다른 같은 크기의 힘이다.
작용
반작용
그러니까 팔과 다리를 함께 움직여서 물을 밀어내면 앞으로 나아가겠지.
촤아
그래도 앞으로 잘 나아가지 않아.
첨벙
첨벙
무턱대고 휘젓는 게 아니라 최대한 물을 많이 밀어낼 수 있는 자세를 취해야지.
다리를 꼿꼿이 펴야 많은 물을 밀어낼 수 있다.
유후! 정말 앞으로 나아간다~!
첨벙
첨벙
근데 도대체 그건 무슨 영법이냐? 내 주특기는 평영이라고.
근데 스폿, 각 수영법이 어떻게 달라?
각 수영법마다 장단점이 있어.

여러 가지 수영법

자유형

자유형은 영법이 아닌 경기 형태로 자유롭게 수영법을 선택할 수 있다. 지금까지는 영국의 크롤이 만든 크롤 영법이 제일 빨라서 널리 사용되고 있다. 얼굴이 물속과 물 위를 번갈아 오가기 때문에 호흡 조절이 매우 중요하다.

배영

반듯이 누운 자세로 얼굴을 물 위에 내놓고 헤엄치는 영법으로 언제든지 숨을 쉴 수가 있다. 두 팔을 회전하며 번갈아 젓고 두 발을 곧게 편 상태로 물속에서 위아래로 휘젓는다.

평영

얼굴을 물 위에 내놓고 비교적 긴 거리를 헤엄치는 영법과 시간을 단축하기 위해 얼굴을 물속에 담그고 숨을 쉬는 순간에만 내놓는 영법으로 나뉜다. 개구리처럼 두 발과 두 팔을 오므렸다 펴면서 물을 당기듯 나아가기 때문에 팔 동작, 다리 동작, 호흡의 3박자가 중요하다.

접영

자유형과 같은 팔다리 동작을 좌우 동시에 움직여 온몸이 물결 모양으로 율동하는 모습이다. 두 팔을 동시에 앞으로 뻗쳐 물을 아래로 끌어당기는 모습이 나비와 같다고 하여 버터플라이(Butterfly)라고도 한다.

상어는 비늘의 V자 돌기가 물의 표면마찰저항을 줄여 주어 빠르게 헤엄칠 수 있다. 전신 수영복은 이런 상어 비늘 구조를 모방한 특수 소재로 만든다.

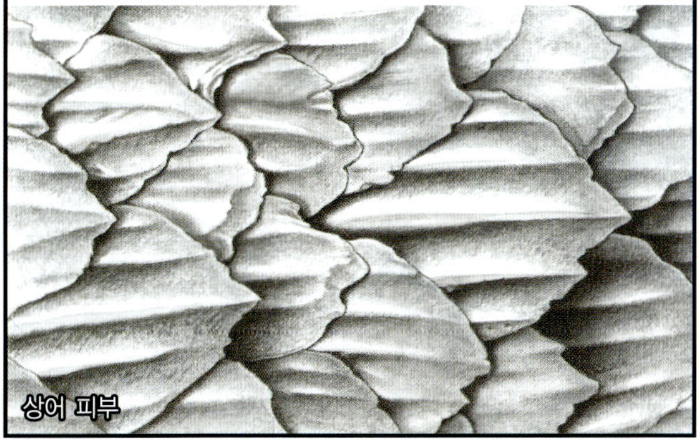

전신 수영복은 물과 몸의 접촉에서 생기는 소용돌이를 밀어내고 마찰을 줄여 속도를 높여 준다. 또 허벅지 근육을 고정시켜서 힘을 내는 데도 용이하다.

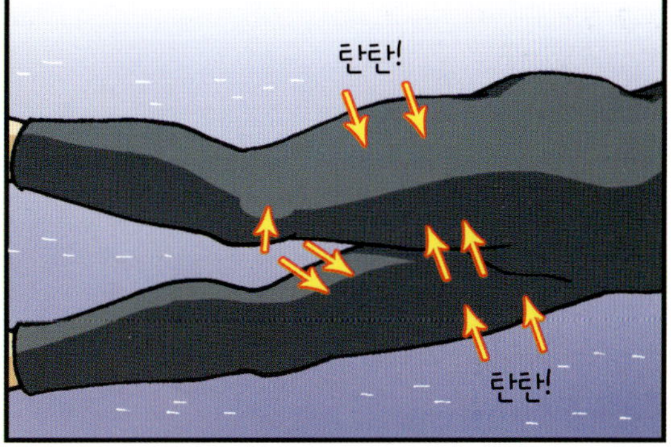

전신 수영복을 입은 이언 소프

세계적인 수영선수 이언 소프는 2000년 시드니 올림픽에서 전신 수영복을 입고 3관왕을 차지했다.

반신 수영복을 입은 박태환

2007년 세계수영연맹선수권대회에서 박태환 선수가 입은 반신 수영복은 일반 수영복보다 15% 가볍고 저항은 20%나 줄인 것이다.

저체온증

체온이 35℃ 이하로 떨어진 상태로 주로 찬물에 빠진 경우나 찬 공기, 눈, 얼음에 오랜 시간 노출된 경우 일어난다. 오한, 근육 운동 저하, 의식장애 등의 증상이 있다.

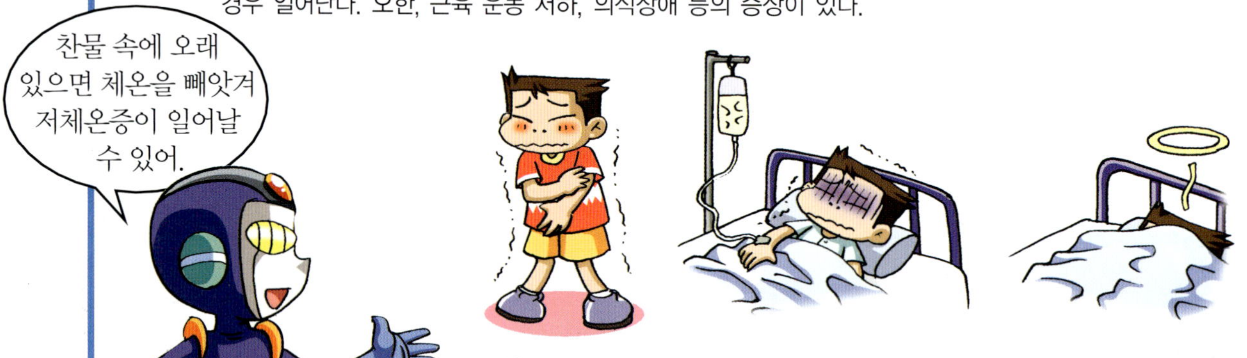

체온 35℃ 이하
심장, 뇌, 폐, 주요 장기 기능이 저하

체온 27℃ 이하
맥박 불안정

체온 25℃ 이하
심장이 멈춤

사격 속 과학

*실제 서바이벌 게임에서는 안전을 위해 반드시 보호 장구를 착용해야 하고, 근거리 사격 시 부상의 위험이 있어 주의해야 합니다. 본 책의 내용은 만화적 구성입니다.

저기다! 조심해. 총을 갖고 있어!
가··· 가까이 오지 마세요! 오면 쏠 거예요!
서바이벌 게임용 총
하하, 그런 형편없는 사격 솜씨로 우릴 맞히겠다고!
샤샤샥
바··· 발사!
퓽
퓽
하하, 뭐 하냐? 어디다 쏘는 거냐!
휘휘휙
피할 필요도 없네...
으악!
딱
그렇게 쏘니까 안 맞지! 사격에도 원리가 있다고!
어쩜 넌 잘하는 게 하나도 없냐?
아이고, 머리야!
총 양 끝에 튀어나와 있는 부분이 왜 있는지 모르는군?
가늠자
가늠쇠

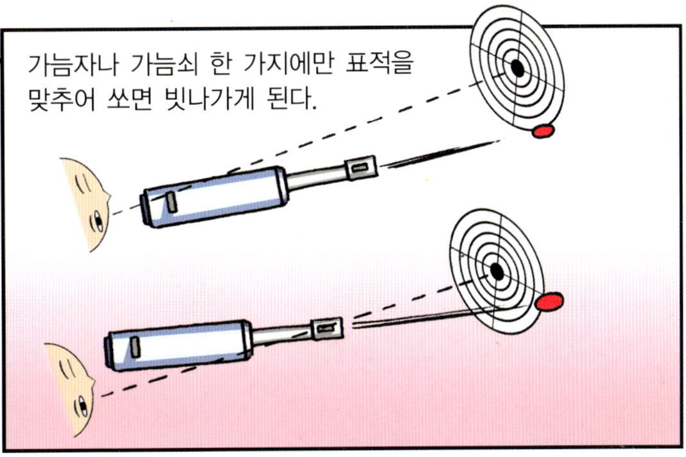

가늠자나 가늠쇠 한 가지에만 표적을 맞추어 쏘면 빗나가게 된다.

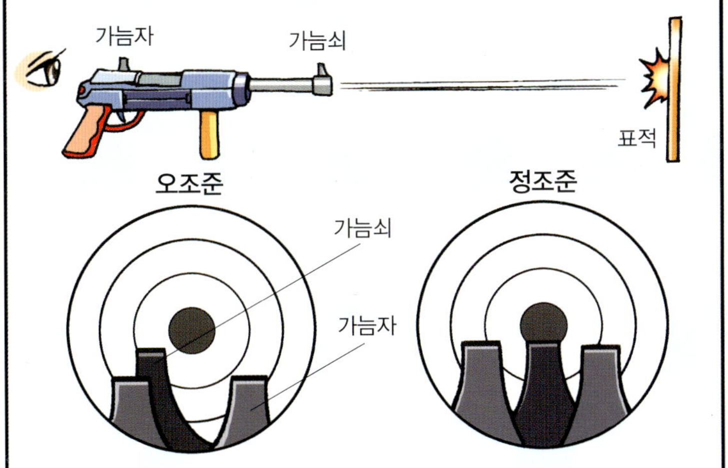

가늠자와 가늠쇠 모두를 함께 표적에 맞추어야 정확한 사격을 할 수 있다.

눈-가늠자-가늠쇠-표적이 일직선 상에 있을 때를 '정조준'이라 한다.

하하하, 꼴 좋다!
퓽
퓽
헉!
너희도 맛 좀 봐랏!
퓨퓨퓽
퓽퓽
너무 멀어서 잘 안 맞아….
앗, 따가워!
딱
어? 스폿이 쏘는 건 잘 맞네?
뭐야, 자기만 좋은 총 쓰고….
퓽
총이 아니라 자세가 좋기 때문이야. 정조준을 했다 하더라도 자세가 흔들리면 정확히 맞힐 수가 없어.
호흡을 멈추어 호흡으로 인한 흔들림을 줄인다.
어깨를 밀착하여 총이 움직이는 것을 방지한다.

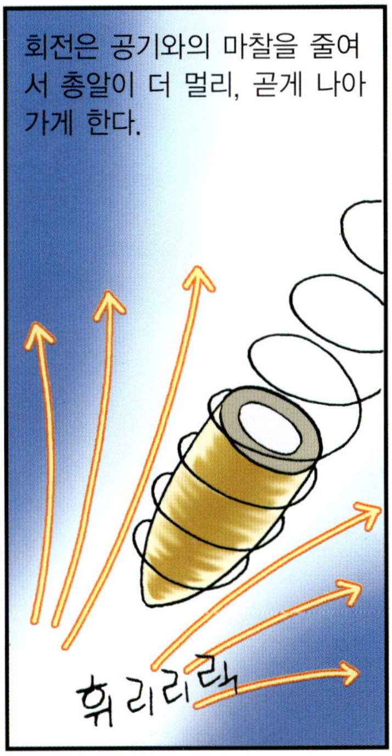

공기 소총과 화약탄의 차이점

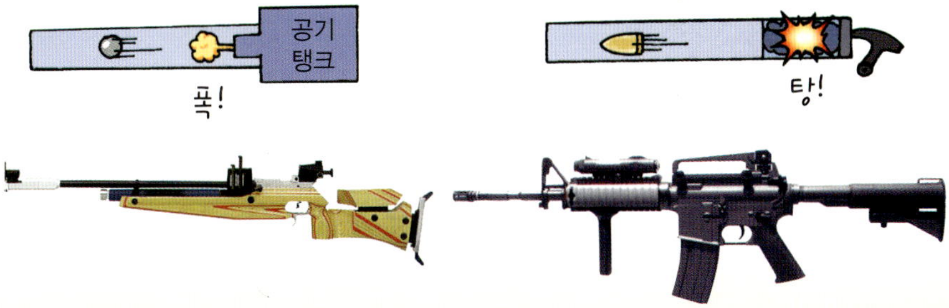

공기 소총

압축된 공기를 순간적으로 분사하여 그 힘으로 탄환을 밀어낸다. 스프링의 힘을 이용한 피스톤 압축 방식과 총기 내부의 공기 펌프로 공기를 압축하여 사용하는 방식이 있고, 압축가스를 공기탱크에 충전하여 사용하는 방식이 있다. 화약 방식보다 사거리가 짧다.

라이플

탄환 안의 화약을 터뜨려 그 반발력을 이용해 탄두가 날아가는 방식이다. 공기 압축 방식보다 사거리가 긴 반면 소음과 반동이 큰 단점이 있다.

*사거리 : 탄환이 발사되어 도달할 수 있는 곳까지의 거리.

양궁 속 과학

어? 여긴 양궁장이네!
와!
나 어때? 폼 나지 않냐. 자, 쏜다!
촤악
헉! 땅에 꽂혀 버렸네….
푹
크큭
그게 아니야. 화살은 포물선을 그리며 날아가기 때문에 표적보다 위를 향해 쏴야 해.
조준
화살이 실제 날아가는 궤도
오, 역시 엄지는 뭘 좀 아는구나.
스폿!
스윽
근데, 괴한들은 어떻게 됐어?
허수아비로 위장을 해 놓았으니 얼마 동안은 시간을 벌 수 있을 거야.
그럼 빨리 도망가….
턱

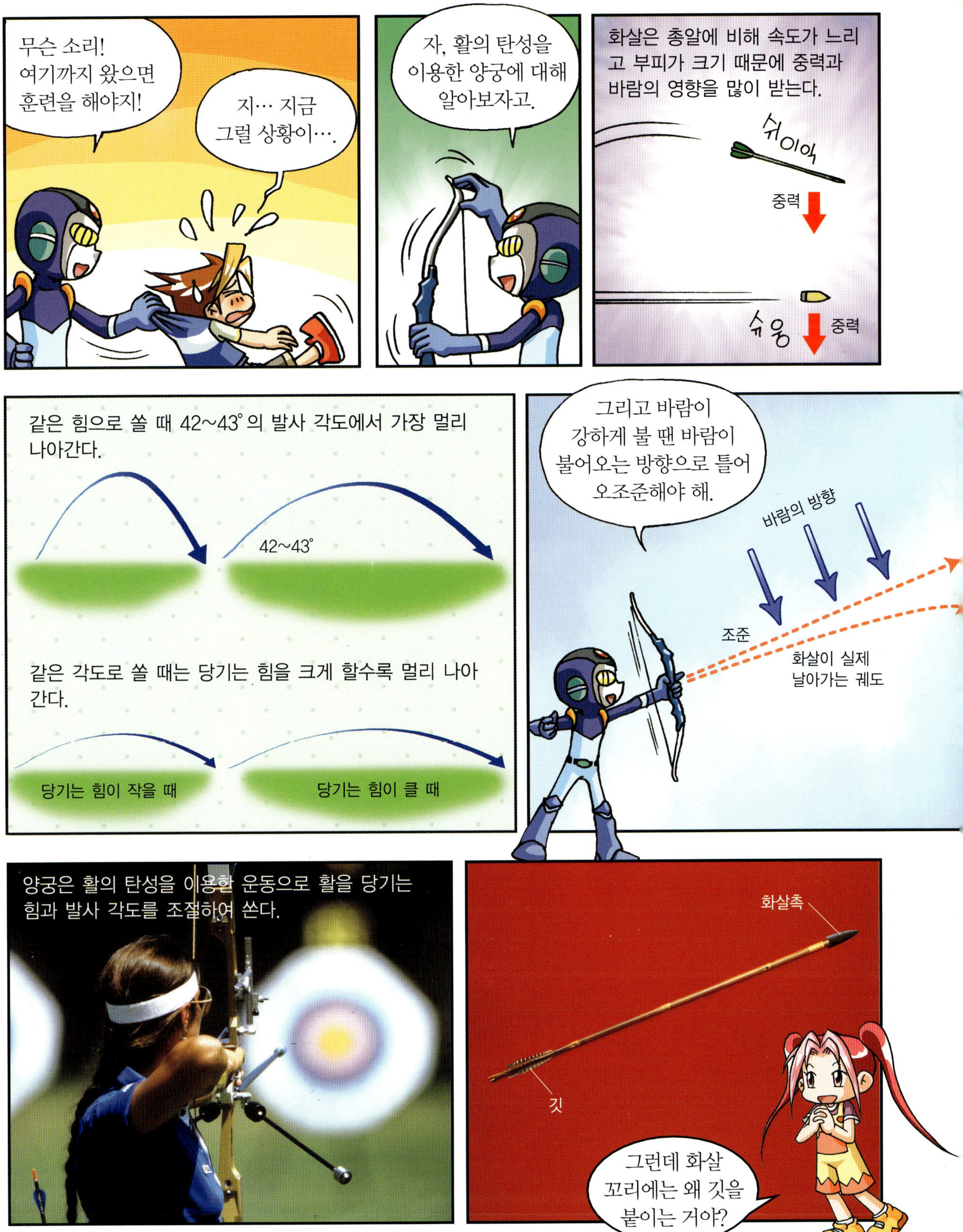

*오조준 : 표적 방향과 다르게 조준하는 것.

화살같이 긴 물체는 날아갈 때 불안정하게 움직이지.
화살의 무게중심은 앞쪽으로 1/3 지점이기 때문에 뒷부분이 많이 흔들려 물고기가 헤엄치듯 날아가는데 화살깃을 붙여 주면 뒷부분이 안정되어 나아간다.
화살깃은 화살의 흔들림을 줄여 비행의 안정성을 높여 준다.
안정
안정
깃의 크기가 일정하지 않거나 손상되면 오히려 날아가는 방향이 크게 틀어진다.
안정
불안정
화살깃은 비행기 꼬리 날개가 방향과 균형을 잡아 주는 원리와도 같아.
N7559J
자! 나의 시범을 봐.
너희들은 이번이야말로 독 안에 든 쥐다.
흐흐흐.
파

방탄복의 방탄 원리

방탄복은 유리섬유를 빽빽하게 압축하여 그물 형태로 엇갈려 짜서 만듭니다.
방탄복이 총알을 막는 원리는 회전하는 총알이 방탄복에 닿는 순간에 강도와 탄성이 강한 섬유가 총알을 휘감아 총알의 운동 에너지를 흡수하여 움직임을 멈추게 하는 것입니다. 또 총알이 방탄복에 닿으면 방탄복의 저항으로 총알 앞부분이 뭉개지며 총알의 표면적이 늘어나 압력이 급격하게 감소하여 결국 총알이 멈추게 되는 것입니다.

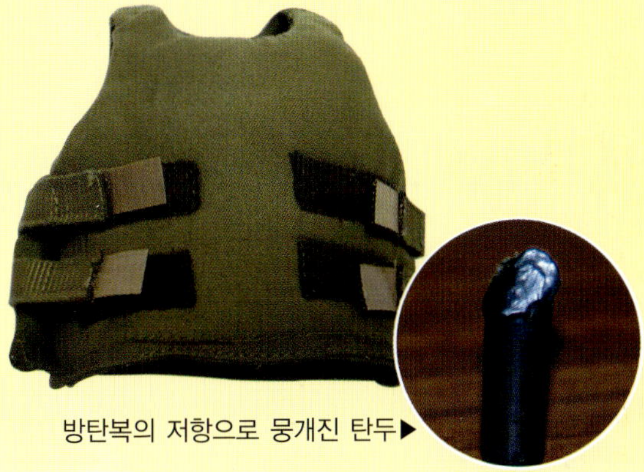

방탄복의 저항으로 뭉개진 탄두▶

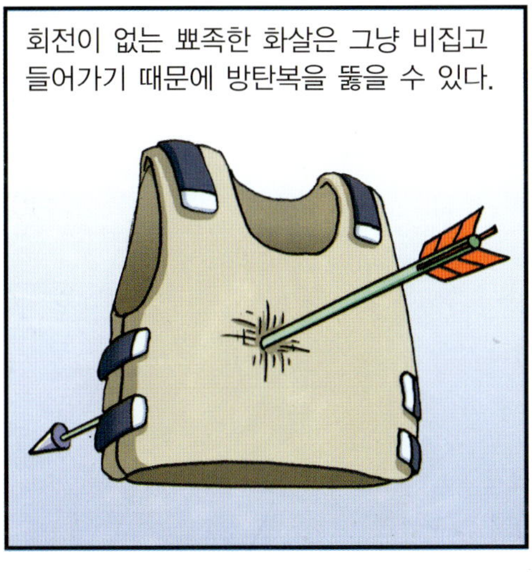

사이클 속 과학

앗! 당신들은 누구요? 함부로 장비를 만지면 안 돼요!
앗! 관리자인가 봐.
또 당신들은 누군데 여기 숨어 있는 거요?
이때다! 녀석들을 잡아!
타타탁
으아아…, 뒤에 숨어 있었어!
어? 저기 자전거가 있어.
후후, 좋아! 이번엔 사이클 훈련이다!
촤아아

축바퀴의 원리

자전거는 '축바퀴 원리'를 이용하여 작은 힘으로 큰 힘을 낼 수 있다.

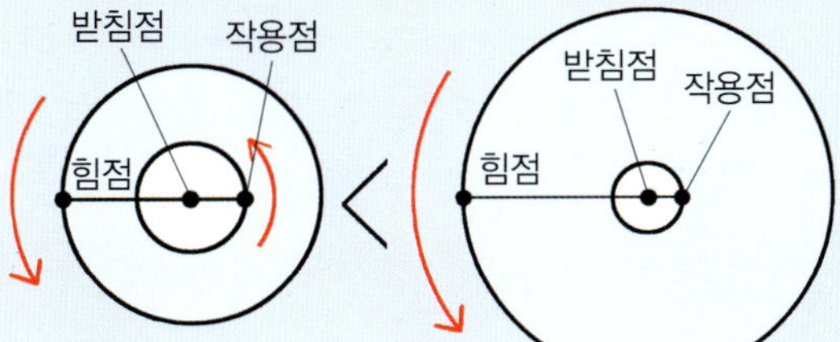

받침점과 힘점의 거리가 받침점과 작용점의 거리보다 멀 때 큰 힘을 낼 수 있다.

페달쪽 기어가 저단이고 바퀴쪽 기어가 고단일 때는 페달을 밟는 힘은 덜 들지만 속도는 느리다.
반대로 페달쪽 기어가 고단이고 바퀴쪽 기어가 저단일 때는 페달을 밟는 데 힘은 들지만 빠른 속도를 낼 수 있다.

달리기 시작할 때나 오르막길에서는 힘이 덜 들도록 페달쪽 기어를 낮추고,
스륵
고단 기어
저단 기어

속도가 빨라졌을 때나 내리막길에서는 관성 때문에 큰 힘이 들지 않으므로 페달쪽 기어를 높여 준다.
슈웅
저단 기어
고단 기어

어? 그런데 스폿 자전거 바퀴는 왜 막혀 있는 거야?
이건 벨로드롬용 자전거야.

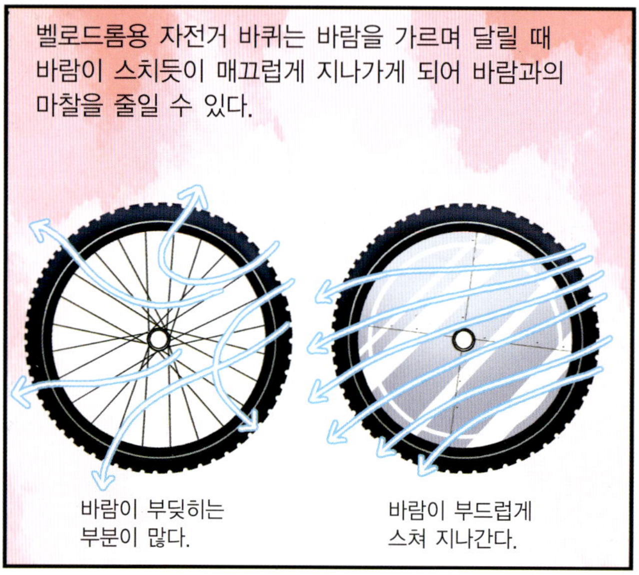
벨로드롬용 자전거 바퀴는 바람을 가르며 달릴 때 바람이 스치듯이 매끄럽게 지나가게 되어 바람과의 마찰을 줄일 수 있다.
바람이 부딪히는 부분이 많다.
바람이 부드럽게 스쳐 지나간다.

벨로드롬 선수들이 달리는 주로를 비탈지게 만든 사이클 전용 경기장

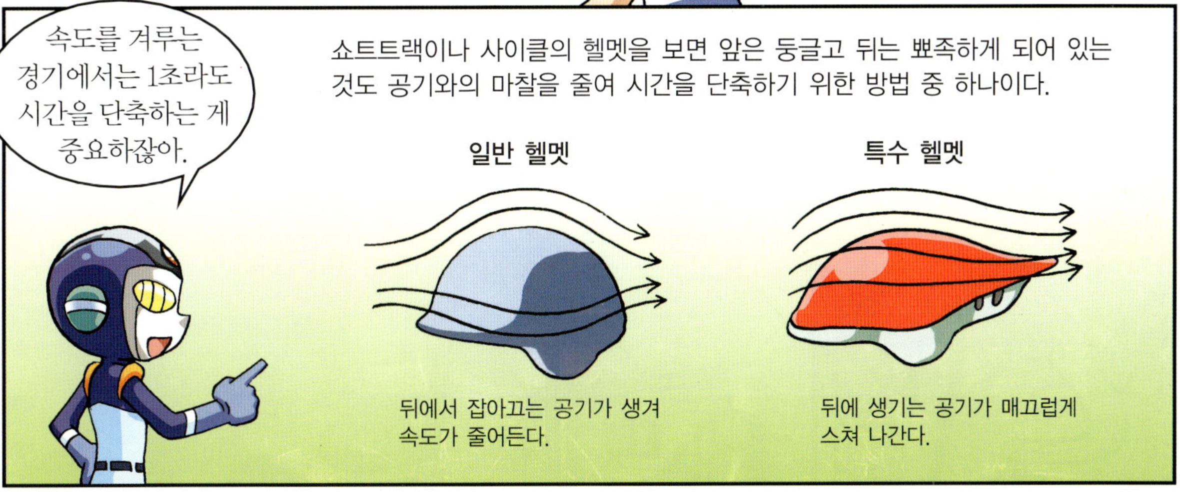

안전을 위한 스포츠 헬멧

사이클 헬멧

쇼트트랙 헬멧

인라인 헬멧

스케이팅 속 과학

헉! 오토바이를 타고 쫓아오고 있어.
부다다당
뛰어 봤자지!
자, 날 따라와!
실내 스케이트장
타타탁
놓치지 마라!
벌컥
우악!
미끌
쿵
아이쿠!
미끌
으아, 난 스케이트 못 탄단 말이야!
끄응
엉금
야! 너무 바짝 달라붙지 마!
녀… 녀석들을 잡아라.
엉금
엉금

피겨 스케이트 다양한 동작을 구사해야 하므로 날의 길이가 짧고 두께가 두껍다.

스피드 스케이트 최대한 마찰을 작게 하고 방향이 틀어지지 않게 하기 위해 날의 길이가 길고 두께가 얇다.

얼음판 자체도 미끄럽지만 날을 날카롭게 하면 압력이 강하게 작용하여 얼음을 순간적으로 녹이게 되므로 마찰이 더욱 줄어든다.

얼음을 녹이고 지나가도 얼음판이 녹지 않는 이유는 주변의 온도 때문에 금세 다시 얼어 버리기 때문이다.

촤악
피니쉬!
와아
짝
짝
으으으, 역시 스포츠 로봇…. 그러나 우리에게도 방법은 있다!
얼음판에 모래를 뿌리면 되지롱!
그럼 우리가 더 유리해!
촤악
촥
미꾸라지 같은 녀석들! 잡아라!
모두 날쌔 붙잡아!
우두두
촤촤착
타타탁
눈부셔!
화악
우와, 아직 겨울도 아닌데 여긴 눈이 가득하네?

스키 속 과학

이건 인공 눈이야.
인공 눈?
고압의 기체와 물을 섞어 쏘게 되면 고압의 기체가 저압이 되며 물방울의 열을 빼앗아 얼게 된다.
갑자기 팽창하며 주위의 열을 빼앗는다.
물방울은 순간적으로 열을 빼앗기며 눈이 된다.
파시
고압의 기체
물
좋아! 이걸 타고 내려가면 되겠어.
이 녀석들! 여기 있나?
콰당
앗!
쉬익
안녕!
자! 겁내지 말고 다리를 '11' 자로 하고 자세를 낮춰.
촤아아
자세를 낮출수록 무게중심이 낮아져서 균형을 잡기 쉽다.

유후!
오, 역시 엄지는 운동신경이 좋구나.
으아아, 속도가 점점 빨라져!
쉬아악
S자를 그리면서 속도를 줄여!
슈슉
직선에서 곡선으로 변할 때는 운동 에너지가 눈과의 마찰로 인해 감소되면서 속도가 줄어든다.
속도 감소
변곡점(방향이 변하는 구간)
촤아악
촤악
속도 감소
S자 운동을 할 때는 몸을 도는 안쪽으로 굽혀 구심력을 만들어야 원심력에 의해 바깥으로 밀려나는 것을 막을 수 있다.
원심력
구심력
· 구심력 – 원운동하는 물체에서 원 중심 방향으로 작용하는 일정한 크기의 힘이다.
· 원심력 – 구심력과 크기는 같고 방향은 반대로, 원의 중심에서 바깥 방향으로 작용한다.
와아! 된다! 돼!
촤촤

눈에 발이 안 빠지는 이유

눈 위를 걸을 때는 발이 빠지는데 스키를 신으면 눈 위에서 서 있을 수 있는 이유는 무엇일까요?
중력 때문에 눈 위에서는 발이 빠지게 되는 거예요. 그런데 스키를 신으면 발바닥에 집중되었던 압력이 스키 전면으로 분산되면서 압력이 줄어들기 때문에 눈 위에 서 있을 수 있는 것이랍니다.

농구 속 과학

어? 스폿, 비밀번호를 어떻게 알아?
철컹
그러게.
이곳은 튼튼 박사님이 비밀리에 만들어 놓은 스포츠 과학 훈련장이야.
우리 할아버지 대단하다…
와~, 멋져!
지금부터는 이곳에서 공으로 하는 스포츠를 배운다.
스폿! 훈련도 좋지만 지금은 박사님을 구하는 게 더 급해.
맞아!
난 너희들 훈련이 가장 먼저야. 그렇게 프로그램 되어 있다고.
톡
그럼 훈련이 끝나면 박사님을 구하러 가는 거지?
그야, 물론이지.

대신 너희가 시험을 통과하지 못하면 훈련은 계속되는 거야!
시… 시험이라고?
자, 1차 시험은 농구공 골대에 넣기다.
이 지점에서 각각 3골씩 넣으면 되는 거야.
텅
철썩
휙
그 정도야 문제 없지! 10번 던지면 한 번쯤 안 들어가겠어?
단, 연속해서 세 번을 넣어야 합격이야.
헉!
와! 들어갔다! 한~ 번!
철썩
텅
으앙, 두 번째는 실패야.
처음부터 다시!

슛 성공의 확률

포물선을 그리며 골대 위에서 바로 떨어지게 하는 것이 골인될 수 있는 범위가 넓고, 측면에서 들어올수록 들어갈 수 있는 폭이 좁다.

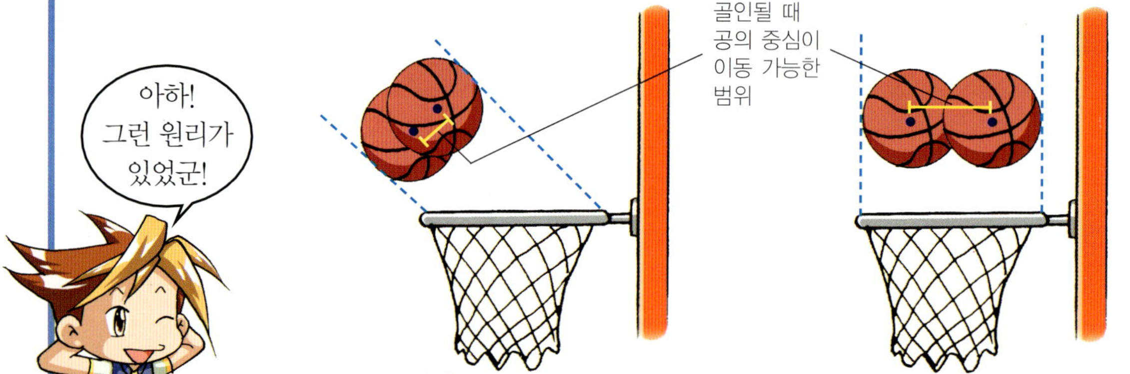

골대 측면에서 공이 들어갈 때　　골대 위에서 공이 바로 떨어질 때

점프 슛 요령

점프하여 최고점에 이르렀을 때, 팔을 펴고 손목의 스냅으로 공을 밀어내 슛을 합니다. 이때 공중에서 몸의 균형을 유지하여야 안정된 슛을 할 수 있으므로 정지함과 동시에 점프합니다.

무릎을 충분히 굽힌 뒤 최대한 높게 점프하는데, 다리를 많이 굽힐수록 높이 솟을 수 있지만 너무 웅크리면 다리 근육이 많이 늘어나서 오히려 힘을 내지 못한답니다.

점프 슛

농구공의 작은 돌기는 왜 있을까요?

농구공의 오돌토돌한 작은 돌기들은 손과 닿을 때 마찰이 커지게 해 농구공이 손에서 잘 미끄러지지 않게 하는 역할을 합니다.

또 작은 돌기들은 농구공의 회전을 돕는 역할도 합니다. 새 공은 표면이 너무 거칠어 패스와 골의 정확도가 떨어지고 너무 닳은 공은 손에서 잘 미끄러지기 때문에 농구 경기에서는 새 공이 아닌 적당히 길이 든 공을 사용한답니다.

와! 공이 갑자기 방향을 바꿨어!
신기해~
후후~, 정도 가지고 뭘….
농구공에 회전을 주어 튀는 방향을 바꿀 수 있는데 표면의 작은 돌기들이 회전을 돕는 역할을 한다.
퉁
퉁
와! 연속 3번 성공이야!
철썩
좋아! 일단 농구는 합격이다.
정말, 원리를 아니까 쉽다.
자, 다음 코스로 간다!
삑 삑
또 다른 방이 있는 거야?
어? 이번엔 뭐지?
축구 같은데?

축구 속 과학

이 공을 여기서 골대에 차 넣으면 돼. 어렵지 않지?
이번이야말로 내 실력을 보여 줄 때군.

하하, 쉽네! 난 공 차는 건 자신 있거든!
타앗
헉! 이… 이게 뭐야?
위잉
위잉
위잉
틱

이 넓은 골대에 아무런 장애물 없이 공을 넣는 게 무슨 시험이냐?
그, 그래도…
숏할 곳이 전부 막혔는데 어떻게 공을 차냐고!
자, 그럼 내가 해 볼까?
타앗
파앙
휘리리리릭
철썩
우아, 스폿!
우와~ 공이 바나나처럼 휘어서 들어가네!
하하, 그래서 이렇게 커브를 그리는 슛을 바나나킥이라고도 부르지.
스폿, 그 신발에 비밀이 있는 거지?
큭, 신발은 무슨! 회전하는 공에 비밀이 있어!

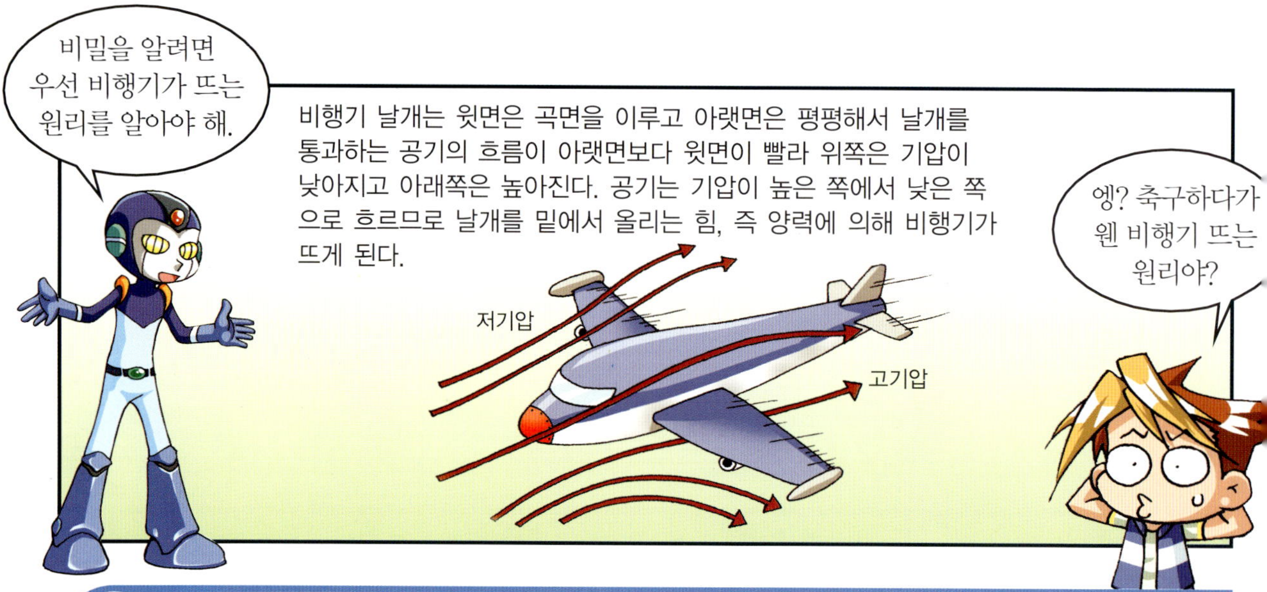

축구공의 마그누스 효과

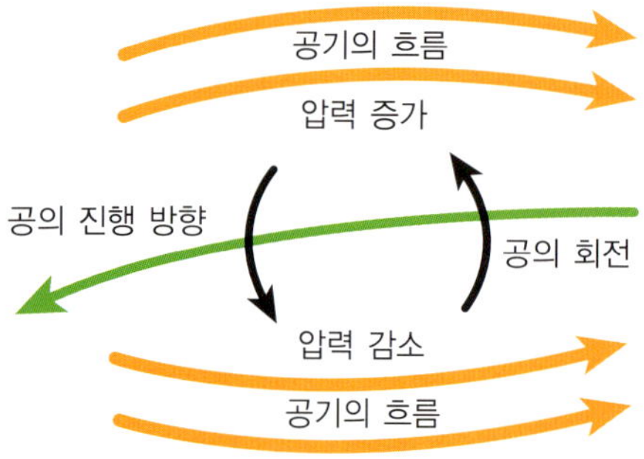

회전하며 날아가는 축구공은 회전하는 방향과 공기의 흐름이 같은 방향인 곳에서는 공기의 흐름이 빨라져 압력이 감소하고, 반대편은 공기의 흐름이 느려져 압력이 커진다. 위에서처럼 공기는 압력이 큰 쪽에서 낮은 쪽으로 흐르므로 공은 압력이 큰 쪽에서 작은 쪽으로 휘어 나아가게 된다.

이렇게 회전하는 물체가 기압차에 의해 휘어져 날아가는 현상을 '마그누스 효과'라고 한다.

공을 감아 차면 안쪽으로 휘게 된다.

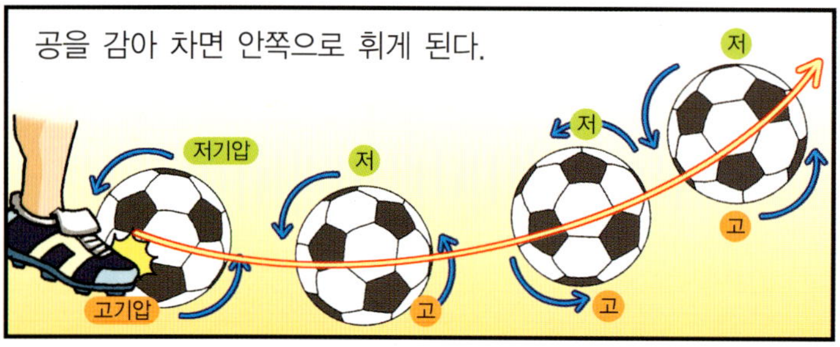

공을 바깥으로 밀어 차면 반대로 휘게 된다.

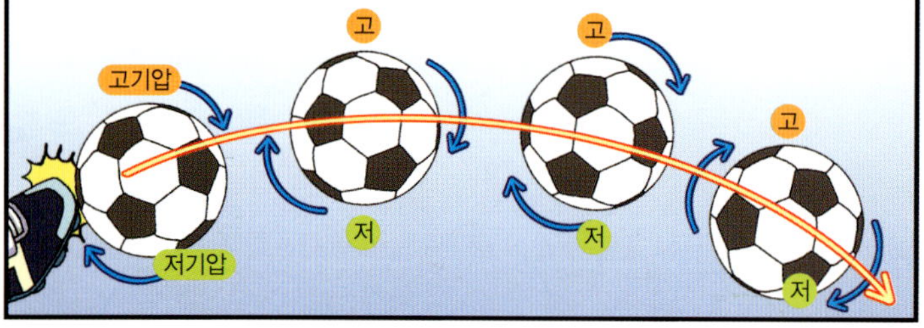

자! 이번엔 정말 마법과도 같은 킥을 보여 주겠다!
타앗
뻥
뭐 해? 어디로 차는 거야?
어? 고…공이 갑자기 휘잖아!
철썩
쉬쉬쉬쉭
어… 어떻게 공이 일직선으로 날아가다가 갑자기 골문 안으로 들어갔지?
공에 없던 회전이 갑자기 생긴 것도 아닐 텐데….

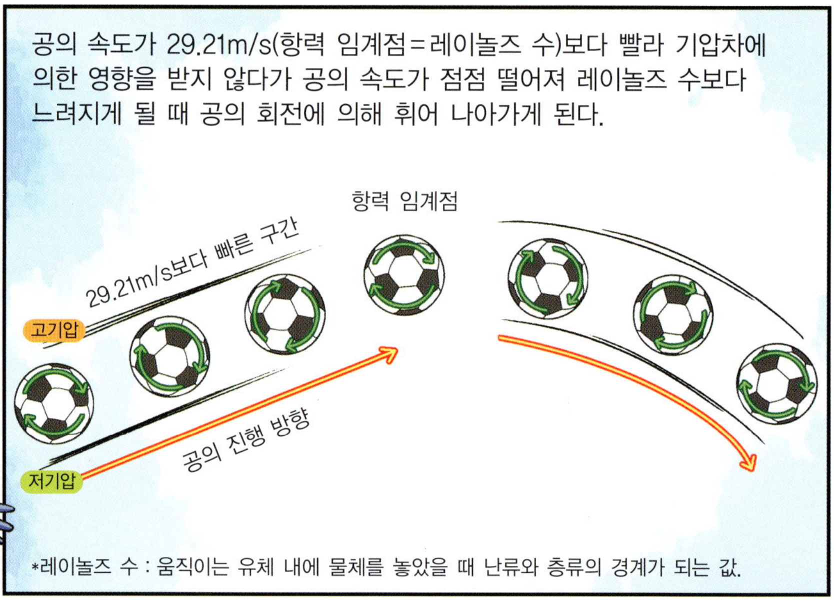

레이놀즈 수보다 빠른 속도의 공을 차는 것으로 유명한 카를로스

와아! 나도 성공이야.
철썩
골키퍼가 없는 골대에 골을 넣는 것 정도로 시험을 통과했다고 생각하는 건 아니겠지?
이번엔 내가 골키퍼를 할 테니 넣어 봐.
대신 거리도 가깝고 장애물도 없다!
좋아! 이 정도 거리면 골키퍼가 있어도 상관없지.
파앙
퉁
다~ 시!
뻥
척

그렇다면 좀 더 가까이 몰고 가서 차야지!
타탁
앗!
타 타탁
착
골키퍼가 골문을 비우고 나왔는데 그것도 못 넣냐?
너도 해 봐! 골키퍼가 가까이 다가오니까 슛을 하기 어려워.
상대가 공을 몰고 올 때 골키퍼가 달려 나오는 이유는 슈팅의 각도를 좁히기 위해서다.
골을 넣을 수 있는 공간이 많다.
골을 넣을 공간이 줄어든다.
다음과 같이 패스해 버리면 완전히 빈 공간이 되기 때문에 상대의 단독 찬스 같은 위험한 상황에서만 골키퍼가 나온다.

경기 흐름을 원활하게 하는 패스

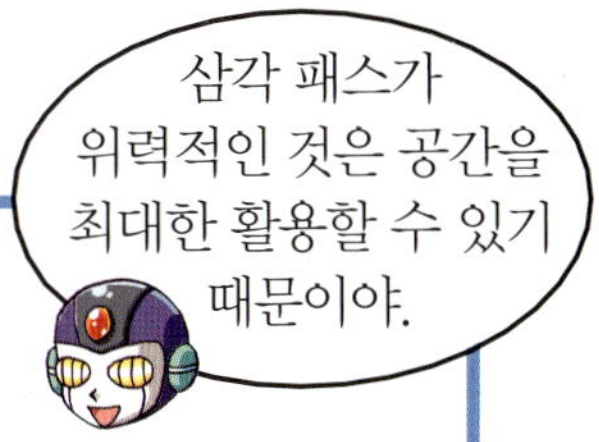

둔각 패스
예각을 이루는 위치에 있을 때는 수비수에게 공을 빼앗길 수 있다.

공간 패스
자신의 팀 선수가 달려와 공을 잡을 수 있는 공간에 패스한다.

삼각 패스
주변의 동료를 이용해 다가오는 수비수를 제친다.

페널티킥을 하는 지점은 골라인으로부터 11m로 정해져 있는데 이것은 공이 날아오는 속도와 골키퍼의 반응 속도에 맞추어 정해진 거리이다. 이 거리보다 멀어지면 뛰어난 골키퍼의 경우 공을 보고 잡아 낼 수 있기 때문이다.

하지만 넌 선수들처럼 강한 슛을 할 수 없다는 사실! 자, 어떡할 거냐!
음, 공격수들이 골을 넣을 때 어떻게 했더라….
아하! 그렇지!
?
오호, 이번에도 가까이 다가올 셈이냐?
자! 먼저 공을 툭 차고.
툭
간다! 슛!
휙
어딜~!
헤헤헤, 속임수지롱~.
툭
헉!
툭
으악! 빗나갔다!
으이구, 어떻게 빈 골대에도 못 넣냐?
퉁

으흑, 마지막 기회였는데….
니가 그렇지 뭐!
음~.
합격! 속임동작도 기술이니까.
공격수는 거짓 동작으로 수비수를 속이기도 하는데, 거짓 동작을 할 때는 무게중심을 다음 동작에 둔다.
1차 속임동작
888.com
2차 드리블
17
2차 동작을 위해 힘을 싣는다.
꼼지! 스스로 방법을 깨우쳤으니 합격한 걸로 해 주지!
히힛
호홋
그런데 축구공엔 오각형과 육각형이 왜 섞여 있어?
장 구에 가까운 모양을 만들기 위해서지.
2002년까지 사용된 축구공은 정오각형 12개와 정육각형 20개로 되어 있다.
×12
×20
2006년에 개발된 '팀가이스트'는 14개의 조각으로 되어 있어서 더욱 구에 가깝고, 이음새가 줄어들어 더욱 안정적이다. 탄성과 회전력이 강하다.
외피
내피
×8
×6

배구 속 과학

이번 훈련은 배구인가 봐?
배구는 상대편 코트로 공을 돌려보내기 위해 최대 3회 공을 접촉할 수 있다. 한 사람이 연속 2회 이상 접촉할 수 없다.
이번엔 내가 주는 공을 받아서 내가 있는 쪽 코트에 떨어뜨리면 돼.
셋!
하나!
둘!
자, 간다!
퉁
좋아! 이쪽으로 던져!
어?
퉁
자, 또 간다!
어이쿠!
퉁

* 정지 관성 : 멈추어 있는 물체가 계속 정지해 있으려고 하는 성질.

이 정도는 충분히 받아 낼 수 있지!
휙
으악! 너무 세게 튀었다.
퉁
톡
휙
내가 살려 냈어! 자, 받아!
오! 공 좋고~!
와! 살렸다!
슈우욱
꼼지의 멋진 점프!
타앗
악!
내 환상적인 패스를…, 으이구!
이… 이상하다? 분명 공을 보고 뛰었는데…, 공이 갑자기 떨어지네.
음….

무턱대고 뛰어선 안 돼. 공의 움직임을 먼저 관찰해야지!
솟아오른 공은 포물선을 그리며 운동하는데 꼭대기에서 속도가 가장 느리고 떨어질수록 속도가 빨라진다.
정점(속도가 가장 느리다.)
속도가 빨라진다.
배구 선수들은 이 곡선을 재빨리 계산해서 자신의 점프 높이와 맞춘다.
PARTIE 5
KIRALY 15
너희에게는 무리일 수 있겠구나.
다시 해! 할 수 있어! 난 컴퓨터 게임도 같은 실수 두 번은 안 해!
좋아! 다시 한 번!
오, 그런 자세 아주 좋아!
팡
으아, 또 빗나갔당~!
뭐야, 실수 안 한다면서!
통
타탁

통
에구!
촤악
오! 엄지
정말 대단하구나!
핑그르르
왔다!
좋아!
떨어지는 속도,
내가 뛰는 속도,
아까 실수했을 때의
타이밍을 계산하면….
좋아!
지금이야!
타앗
음…, 이번엔
막아야겠군!
휘익
이얍!
틱
얏!
통
봐… 봤냐!
내 실력!
폴짝
폴짝
우연히 한 번
맞은 게 그렇게
좋냐?
촐싹대긴….

공격의 종류

공격의 종류에는 공격수 2, 3명이 위장 동작을 하고 최종 공격수가 안전하게 공격하는 '시간차', 자기 자리에서 벗어나 공을 보고 이동하며 공격하는 '이동 공격', 뒤쪽의 선수에게 토스하여 뒤 공간에서 공격하는 '백어택' 외에 상대방의 방어 타이밍을 흩뜨려 놓아 쉽게 공을 받아 낼 수 없도록 하는 A · B · C 속공이 있다.

A속공
세터가 바로 올려 준 공을 공격수가 재빨리 친다. (가까운 거리에 있는 선수, 1m 이내 거리에 있는 선수)

B속공
A속공보다 먼 거리에 있는 공격수에게 토스하고 빨리 공격한다. (2~3m 이내 거리에 있는 선수)

C속공
B속공보다 먼 거리에 있는 공격수에게 토스하고 공격한다. (4~5m 정도 거리에 있는 선수)

*세터 : 공격수가 공격하기 쉽도록 공을 토스하여 주는 선수.
*토스 : 공격수가 공격하기 쉽도록 공을 가볍게 띄우는 일.

야구 속 과학

자, 이번엔 이걸 써 봐!
야구 연습장
와! 이번엔 우리 오토바이 타나 봐?
어이구, 이건 야구 헬멧이잖아.
어? 그러고 보니 한쪽 귀만 가려져 있네?
투수의 강한 공으로부터 귀를 보호하기 위해서야.
아마추어가 쓰는 헬멧은 양쪽 모두에 귀 보호대가 있다.
오른손잡이, 왼손잡이가 서는 방향에 따라 투수를 바라보는 쪽에 귀 보호대가 있다.
귀 보호대 (투수 쪽)
오! 좋았어! 난 때려 맞히는 건 자신 있다고.
네가 뭘 잘 때려 맞히냐?
붕
붕

킥킥, 시험 문제!
난 푼 문제보다 대충 때려 맞힌 게 더 잘 맞더라고.
콰당
자! 간다!
슈악
고… 공이 너무 빨라서 보고 칠 수가 없어….
덜덜
헉!
파앙
본다 해도 이 정도 속도라면 칠 수 없을걸. 왜 그런지 잘 봐!
투수와 타자와의 거리는 18.4m이고, 인간의 반응 시간은 대략 0.25초다.
18.4m
투수가 시속 150km의 공을 던지면 투수의 손에서 공이 떠나고 대략 0.4초 만에 포수의 글러브에 공이 도착하게 된다.
쉬이익
0.4초
팡

따라서 반응 시간을 제외한 0.15초 만에 판단을 해야 하는 거지.
공이 타자에게 도착하기까지 걸리는 시간 0.4초
-
판단에 의해 필요한 동작을 취하기까지의 반응 시간 0.25초
=
타자가 투수가 던진 공을 보고 판단하는 시간 0.15초
즉, 공이 오는 걸 보고 판단하여 배트를 휘두르기 시작하면 공은 이미 칠 수 없는 상황이 된다.
부웅
팡
그래서 타자들은 투수의 특징과 투구 폼, 공이 손에서 떨어지는 순간의 모양을 보고 미리 배트를 휘두른다.
휘두르자!
휙
배트를 휘두르는 타이밍과 함께 배트의 어느 부분으로 공을 때리느냐도 중요하다.
파울
스위트 스폿
파울, 플라이아웃 (배트 윗면)
배트가 부러지기 쉬움
파울, 땅볼 아웃 (배트 밑면)
*스위트 스폿-이 부분으로 공을 치면 진동으로 인한 에너지의 소모가 없어 공이 가장 잘 나아간다.
홈런 타자들이 삼진을 많이 당하는 이유는 배트를 크게 휘두를수록 정확히 맞히기 힘들어지기 때문이다.
그러니까 이번엔 살살 부탁해~.
좋아! 이번엔 좀 느리게 던져 볼까?
스윽

변화구와 마그누스 효과

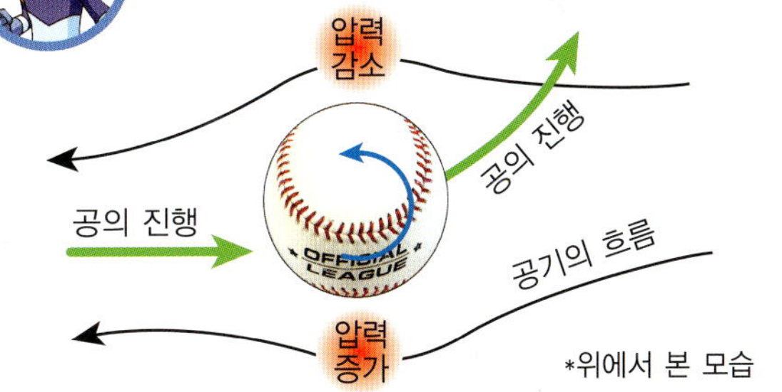

공이 회전하며 나아갈 때 공의 회전과 공기의 흐름이 같은 방향인 곳에서는 공기의 흐름이 빨라져 압력이 감소하고, 다른 방향인 곳에서는 공기의 흐름이 느려져 압력이 커진다. 공기는 압력이 큰 곳에서 낮은 곳으로 흐르므로 그림과 같이 공이 휘어 나아간다.

야구공의 특징

야구공은 코르크나 고무로 만든 심에 실을 감고, 말가죽이나 쇠가죽 두 쪽을 굵은 실로 꿰매서 만듭니다. 이 과정에서 생긴 108개 실밥은 야구공이 빠르고 멀리 날아가게 하는 역할을 합니다.

공이 빠르게 날아갈 때는 공의 뒤쪽으로 잡아당기는 힘이 생기는데 야구공의 실밥이 공 뒤의 소용돌이를 줄이는 역할을 하여 공이 잘 날아가게 하는 것이죠.

야구공의 내부와 재료

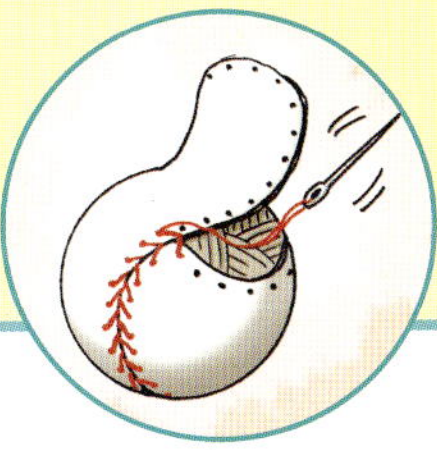

공 잡는 방법에 따른 구질 변화

야구공은 공을 잡는 방법에 따라 구질의 변화가 생긴다.

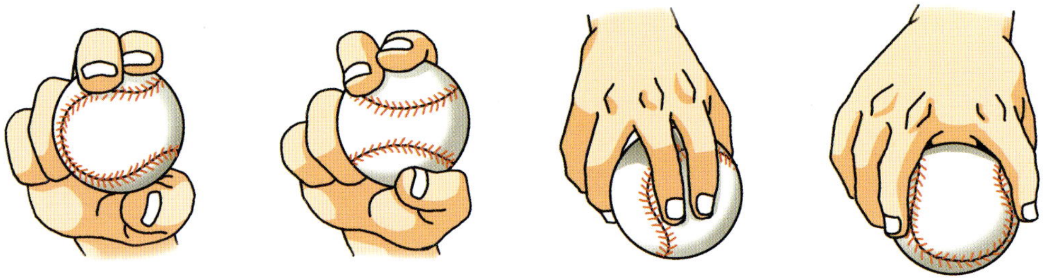

직구
공의 휘어짐이 작고 빠르다. 노련한 투수는 공을 떠오르거나 가라앉게 만들 수도 있다.

커브
타자가 어려워하는 구질로 직구처럼 보이지만 홈 앞에서 뚝 떨어진다.

슬라이더
타석에서 60cm까지는 직구처럼 보이다가 오른손 타자의 바깥쪽으로 꺾인다.

포크볼
벌어진 손가락이 힘을 분산시켜 비교적 느리지만 타자 앞에서 갑자기 떨어진다.

강한 공을 던지는 요령

강한 공을 던지거나 강한 스윙을 위해서는 우선 두 다리로 단단히 서고, 오른손잡이는 오른발에 체중을 실었다가 왼발로 체중을 이동시킨다.

목표를 향하여 옆으로 선다.

공에 속도를 더하기 위해 오른발에 체중을 실으며 팔과 허리를 튼다.

왼발을 충분히 내딛으며 체중을 완전히 이동시킨다.

타자가 배트를 휘두르기 전 다리를 들어올리는 것은 체중을 실어 강한 스윙을 하기 위해서이다.

와아~, 이번엔 제대로 맞았다!
툭
오! 제법인데?
한 번으로는 성공했다고 할 수 없지.
슈악
깡
오, 이렇게 금방 늘다니, 놀라운걸?
킥킥.
스폿이 이제껏 던진 공을 연구했더니 규칙이 보이더라고. 그래서 다음번 공을 예상할 수 있었지.
1구
4구
3구
2구
5구
그래, 바로 그거야. 타자는 투수의 특성을 연구할 필요가 있지. 투수가 던질 공만 잘 예상하면 치는 건 문제없으니까.
투수도 타자의 성향을 분석하고 포수와 서로 사인을 통해 다음 던질 공을 결정한다.

골프 속 과학

자, 이번에는 이걸로 공을 쳐 봐.
툭
엥? 이렇게 가는 배트로 어떻게 야구공을 쳐! 장난쳐?
어이구, 그건 골프채잖아. 클럽이라고도 해.
골프?
그래, 쳐 내는 공은 야구공보다 훨씬 작지.
맞아, 바로 이 공이야.
골프공의 움푹 팬 자국을 '딤플'이라고 하는데 이 홈은 공이 날아가는 거리에 영향을 준다. 딤플의 수는 300~500여 개이다.
공이 왜 이래? 얼마나 때렸으면 곳곳에 홈이 패어 있냐….
스윽
때려서 생긴 게 아니라 골프공의 홈은 일부러 만든 거야. 여기에도 과학적 원리가 있지.
아니! 일부러 홈을 팠다고?
왜?

매끄러운 공보다 이렇게 홈이 많은 공이 더 멀리 나가기 때문이지.
왜? 이해가 안 돼.
앞 사람이 바람을 막아도 뒤의 사람이 바람을 느끼는 것은 공기가 물체의 주변을 감싸듯 흐르기 때문이야.
내가 찬바람 막아 줄게!
차라리 옷이나 좀 벗어 주지.
그래서 표면이 매끄러운 공이 날아갈 때는 공기가 흐르면서 뒤쪽으로 잡아당기는 힘이 생기게 돼.
공의 진행
공기의 흐름
뒤로 잡아 당기는 힘
하지만 공에 홈이 있으면 공기가 홈에 부딪혀 뒤쪽으로 당기는 힘을 잃게 되어 공이 멀리 나아갈 수 있는 것이지.
공의 진행
공기의 흐름
매끄러운 공으로 골프를 쳤던 시대에는 일부러 상처가 많은 오래된 공을 가지고 경기를 하기도 했다.
오래된 공일수록 잘 나가는 법!
공이 맞는 위치와 나아가는 방향
1
2
3
4
❶ 부위를 쳤을 때 낮고 빠르게 날아가 떨어진 후 멀리 굴러 간다.
❷ 부위를 쳤을 때 오른쪽으로 휘어져 들어간다.
❸ 부위를 쳤을 때 왼쪽으로 휘어져 들어간다.
❹ 부위를 쳤을 때 높게 날아가 떨어진 후 멀리 굴러 가지 않는다.
또한 딤플은 회전시 압력 차이를 더 크게 만들어서 커브볼을 치기에도 유리하지.

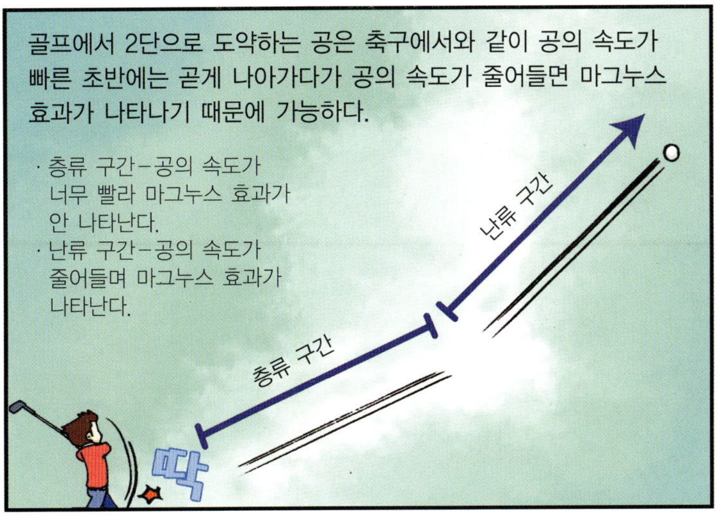
골프에서 2단으로 도약하는 공은 축구에서와 같이 공의 속도가 빠른 초반에는 곧게 나아가다가 공의 속도가 줄어들면 마그누스 효과가 나타나기 때문에 가능하다.
· 층류 구간–공의 속도가 너무 빨라 마그누스 효과가 안 나타난다.
· 난류 구간–공의 속도가 줄어들며 마그누스 효과가 나타난다.
난류 구간
층류 구간
딱

2단으로 도약하는 공을 치려면 공의 속도가 빨라야 하는데, 원심력에 의한 힘을 실어 강한 스윙을 하기 위해 회전 반경은 크게, 회전은 빠르게 스윙한다.

와! 이런 작은 홈에도 그런 과학이….
이번에 우리가 도전할 과제는 뭐야?

이 정도 거리에서 공을 구멍(홀컵) 속에 넣으면 돼.
문제 없어!

감질나게 실내 연습장에서 이게 뭐야? 시원하게 한 방 날리고 싶은데….
쉬워 보이겠지만 여러 요소를 고려해야 해. 뭘 좀 아시나?
히 악!

공이 나아갈 때는 다음과 같은 요소들에 의해 영향을 받으므로 여러 가지 조건을 고려하여 스윙한다.
바람 부는 방향
잔디의 상태
공이 박힌 깊이
지면의 경사
땅의 굴곡
장애물

이 과제도 쉽지 않을걸.
좋아, 내가 한 번에 넣어 주지.
툭
아앗, 조금 모자랐네.
척
좋아…! 다… 다시.
탁
으악, 이번엔 너무 세게 쳤나?
데구르르
이… 이번엔 왜 또 휘는 거야?
비켜 봐! 이번엔 내가 해 볼 테니.
빨리 안 치고 뭐 해?
가만있어!
땅의 굴곡 때문에 공이 다른 곳으로 굴러 갈 수도 있으니까 살펴봐야지.

높다면 강한 힘, 낮다면 약한 힘, 비스듬하면 방향을 경사가 높은 쪽으로 정한다.
실제 공이 굴러 가는 방향
경사가 높은 쪽
경사가 낮은 쪽
치는 방향
오, 조금씩 생각하는 스포츠를 하게 되는군. 아주 바람직해.
그리고 이렇게 두세 번 휘두르는 연습을 한 후,
야호! 성공이야!
헉! 이럴 수가….
프로 골프 선수들은 아무리 가까운 거리라도 신중하게 거리 및 여러 요소를 계산한다.
과학적인 원리를 모르고선 아무리 훈련을 해도 별 효과가 없다는 거 기억해!
으응….

볼링 속 과학

이번에는 혼자서도 재미있게 즐길 수 있는 스포츠다!
와! 볼링이잖아.
오! 나도 볼링 꼭 쳐 보고 싶었어!
저 10개의 핀을 볼링공을 두 번 던져서 쓰러뜨리면 돼.
두 번은 무슨! 난 한 번이면 족해!
어? 이거 생각보다 무겁네….
묵직
볼링공의 숫자는 무게를 뜻해. 단위는 파운드를 쓰지.
*1파운드 = 0.45킬로그램
8
15
13
10
4.5kg
네가 던지기 적당한 공을 사용해.

무거워야 핀을 더 많이 넘어뜨릴 수 있잖아?
꼭 그렇지는 않아.
자신에게 맞지 않는 무거운 공을 무리해서 사용하면 근육을 다칠 수 있고, 빠르고 정확하게 던질 수 없다.
공이 무거울수록 큰 힘을 낼 수 있긴 하지만 가벼운 공이라도 정확히만 던지면 스트라이크는 문제없지.
으악~, 망신! 공이 빠져 버렸잖아!
이상하다? 그럼 다시 한 번!
다다닷
어이구, 자세 봐라….
어… 어, 무턱대고 너무 왔네.
스텝부터 영…, 자세가 안정되어야 핀을 향해 힘을 제대로 전달할 수 있어.
콰당
아이쿠!
휘익
쯧쯧!

그럼 스텝부터 제대로 된 자세를 배워 볼까?
우선, 3~4 걸음 정도에 정확히 던질 수 있도록 거리를 조절하여 걷는다. 1~3보까지는 마지막 4보에 힘을 싣기 위한 단계로 보폭을 크게 하면 동작이 커져 몸의 균형을 잃게 된다.
1보
2보
3보
4보
그리고 팔은 어깨를 축으로 한 진자운동을 하기 위해 곧게 쭉 펴야 해.
팔을 뒤로 들어 줄수록 위치 에너지가 커진다.
팔을 굽히면 에너지가 상쇄된다.
진자운동은 어깨를 축으로 전후 일직선으로 이루어져야 한다. 팔이 좌우로 움직이면 공이 원하는 방향보다 안쪽 또는 바깥쪽으로 굴러 가게 된다.
어깨와 공이 일직선이 되게 한다.
진자운동을 할 땐 어깨가 흔들리지 않도록 하체를 안정감 있게 움직여야 해.
하체를 안정감 있게 움직이기 위해서 던지는 팔과 같은 쪽 다리를 뒤로 향하게 하여 중심을 잡는다.

휴~, 볼링에도 이런 과학이…, 스포츠는 과학이 맞긴 맞네!
좋아! 이번엔 내 차례!
촤악
와! 가운데로 잘 굴러 간다!
오, 오…?
어? 공이 왜 갑자기 휘지?
으아… 빠져 버렸네….
그건 손목 동작 때문이지.
공은 손목의 회전 방향에 따라 돌게 되고 바닥과의 마찰에 의해 휘게 된다.
오른손잡이
왼손잡이
공이 지나는 길
공기와의 마찰이 아니라 바닥과의 마찰이군.
그럼 잘 굴러 가다가 휘는 건 축구할 때 가르쳐 준 거랑 같은 원리야?
응, 원리는 같아. 배운 걸 잘 기억하고 있네.
속도가 빨라 회전 마찰이 적용 안 된다.
마찰에 의해 휘어진다.
처음 던질 때는 앞으로 던져지는 속도가 너무 빨라 회전이 적용되지 않다가 느려지면서 회전이 적용되어 휘어 나아간다.

여러 가지 스플릿

1번 핀이 남아 있는 상태는 스플릿이라 하지 않는다.

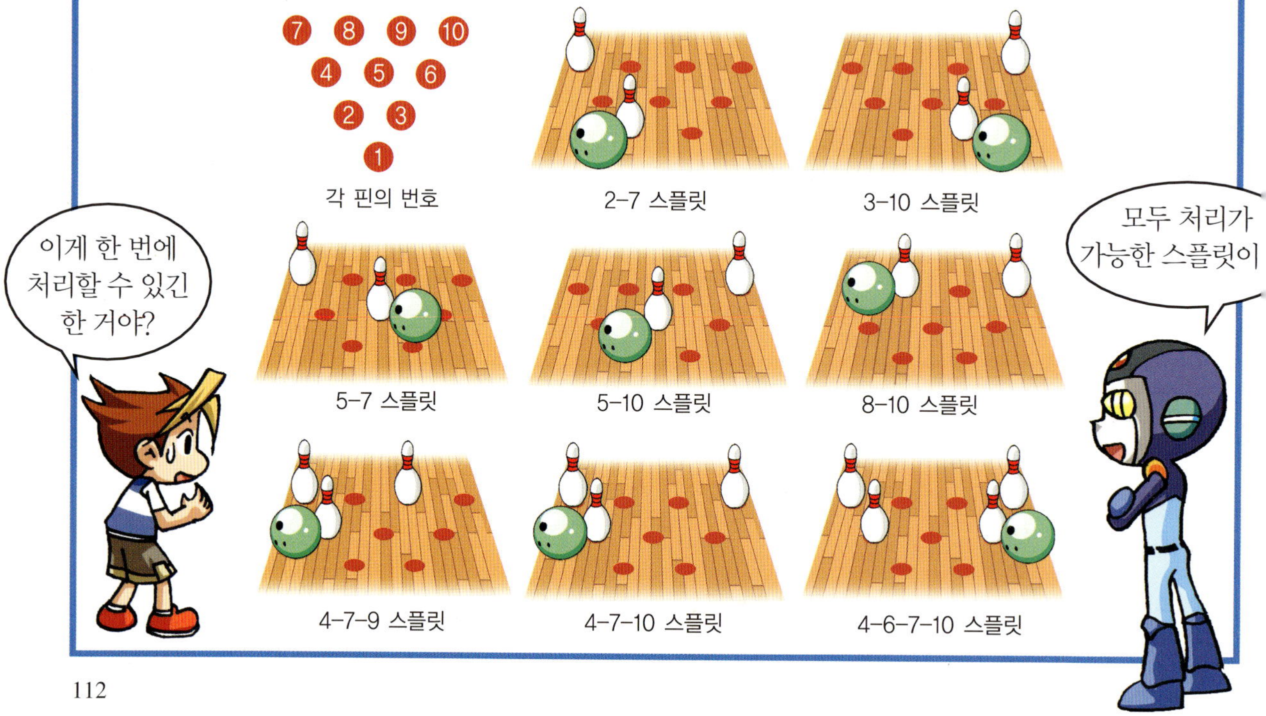

*킥백 : 섬유제를 붙인 나무판 벽으로 공에 의해 튄 핀이 여기에 맞고 다시 튀어 다른 핀을 넘어뜨리는 데 이용되기도 한다.

공을 한가운데로 던지는 것보다 1번 핀의 좌우측을 겨냥하는 것이 스트라이크의 확률이 높다. 오른팔로 던질 경우 대개 1번 핀과 3번 핀 사이로, 왼팔로 던질 경우 1번 핀과 2번 핀 사이로 공이 들어갈 때 스트라이크의 확률이 높다.
좋아! 이번이야말로 스트라이크를 기대하시라!
자, 배운 대로 몸의 균형을 유지하면서,
안정된 자세로 부드럽게,
스텝 완벽하고! 왠지 느낌이 좋은데?
퉁
유후! 성공!
콰르르
하하, 볼링은 초보라도 조금만 연습하면 스트라이크를 칠 수 있어 더 매력이 있지.
좋아 이번 코스도 통과!
만세!
스포츠 아일랜드

테니스 속 과학

위잉
우리 또 배구하는 거야?
어? 그런데 네트가 좀 낮아졌네? 바닥도 흙이고.
아무리 운동과 담쌓았어도 테니스장과 배구장을 헷갈리냐, 쯧쯧.
테… 테니스장?
그래!
테니스는 배구와 비슷하지만 공이 자신의 코트에 한 번 튄 후에 받아도 돼.
또 이 테니스 라켓을 사용하여 공을 친다는 게 다르지.
스윽
오! 넓어서 치기 좋겠네. 근데 줄이 너무 가늘어서 멀리 칠 수 있을까?

물론! 이 줄의 탄성과 공의 탄성이 합해져 적은 힘으로도 멀리 칠 수 있어.
자! 서브를 넣을 테니 쳐 봐랏.
팡
오, 좋아! 공이 한 번 튄 후에 받아도 된다고 했지?
슈웅
헉!
통
테니스 공은 워낙 빠르기 때문에 날아오는 공을 직접 치기는 어렵고 대부분 땅에 튄 후 치는데 공의 힘과 각도를 보고 뒤에서 다가오며 치는 것이 좋다.
좋아!
통
근데, 흙바닥인데도 공이 잘 튀네?
통 통
테니스장의 흙은 다른 흙보다 단단하고 촉촉한 느낌이 있지? 그것은 테니스장에 소금을 뿌리기 때문이야.
소금?

소금을 뿌리면 땅이 단단해져? 신기하다!
아니, 소금은 물을 저장하는 능력이 좋기 때문이고, 땅을 단단하고 촉촉하게 해 주는 것은 물이야.
나를 빼 놓으면 안 되지!
소금
물
수분이 증발하면 땅은 갈라지게 되는데 소금을 뿌린 흙에 물을 뿌리면 소금이 물을 흡수하여 오랫동안 저장하기 때문에 땅이 쉽게 갈라지지 않고 먼지도 잘 나지 않는다.
쏙
쏙
또한 소금은 물의 어는점을 낮춰서 추운 날씨에도 잘 얼지 않아. 테니스 코트에 이런 과학이 숨어 있는지 몰랐지?
와~!
테니스 코트의 흙
난 빙산! 육지 얼음에서 떨어져 바다로 왔지.
바닷물이 잘 얼지 않는 것은 염분 때문이다. 테니스장에 소금을 뿌리는 것은 소금의 이런 성질을 이용한 것이다.
와! 소금은 참 대단해!
게다가 음식 맛도 내 주잖아.
찰흙으로 만들기할 때 찰흙에 소금을 섞어 만들면 쉽게 부서지지 않겠네?
오~ 꼼지, 그거 괜찮은 생각인데.

탁구 속 과학

그런데 라켓이 너무 무거워서 휘두르기 힘들어.
꼼지 넌 유난히 팔심이 없으니 그렇기도 하겠군.
에구.
좋아! 그럼 작은 테니스로 훈련을 해 보자.
위잉
작은 테니스?
와! 정말 테니스 코트를 작게 만들어 놓은 것 같아.
그래서 탁구를 '테이블 테니스' 라고 부르는 거지?

테니스는 키가 큰 사람이 유리하지만 탁구는 키와 별 관계가 없다. 테니스는 서브 시 상대 코트로 바로 넘기는 게 알맞지만 탁구는 바로 넘겼을 때 상대가 전혀 받지 못하게 칠 수 있어 꼭 자기 코트를 먼저 맞힌 후 넘겨야 한다.

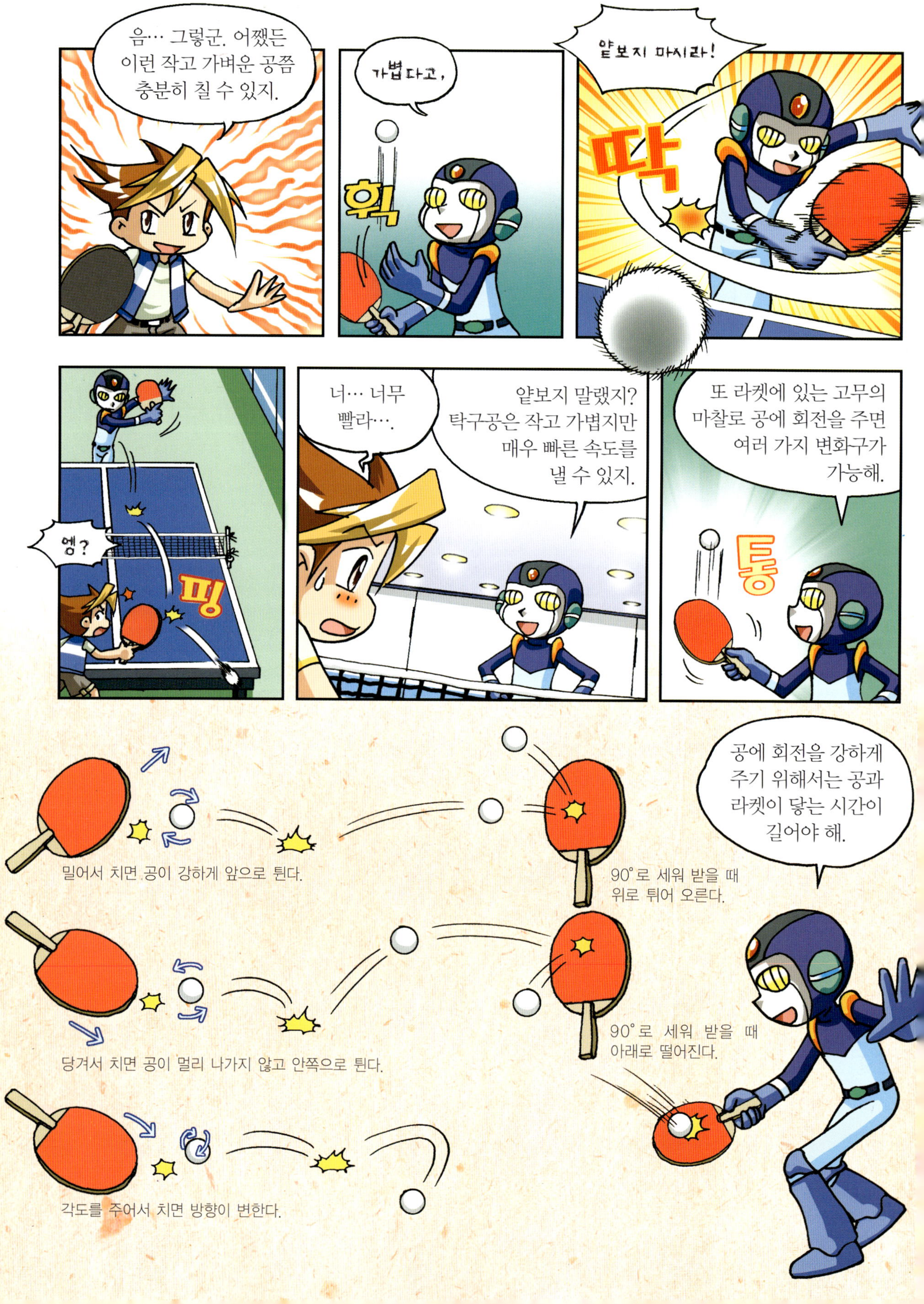
음… 그렇군. 어쨌든 이런 작고 가벼운 공쯤 충분히 칠 수 있지.
가볍다고,
휙
얕보지 마시라!
딱
엥?
핑
너… 너무 빨라….
얕보지 말랬지? 탁구공은 작고 가볍지만 매우 빠른 속도를 낼 수 있지.
또 라켓에 있는 고무의 마찰로 공에 회전을 주면 여러 가지 변화구가 가능해.
통
밀어서 치면 공이 강하게 앞으로 튄다.
당겨서 치면 공이 멀리 나가지 않고 안쪽으로 튄다.
각도를 주어서 치면 방향이 변한다.
90˚로 세워 받을 때 위로 튀어 오른다.
90˚로 세워 받을 때 아래로 떨어진다.
공에 회전을 강하게 주기 위해서는 공과 라켓이 닿는 시간이 길어야 해.

높은 곳에 있는 물체일수록 위치 에너지가 커서 높은 데서 떨어지는 공을 쳤을 때는 그 위치 에너지와 수평 방향의 힘이 더해져 더욱 강하게 나아가게 된다.

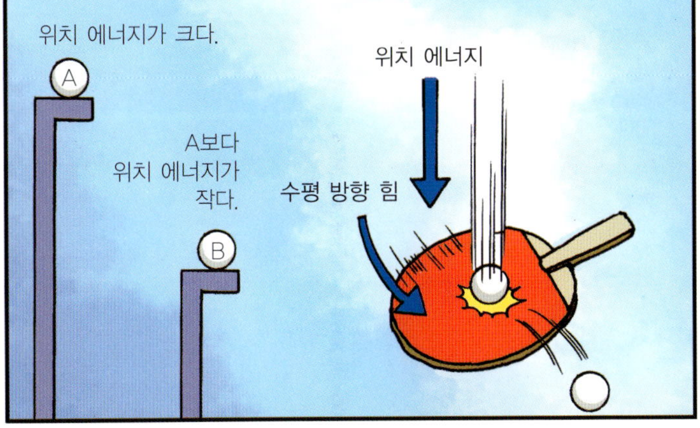

스카이 서브

공을 위로 높이 띄웠다가 공이 내려올 때 라켓으로 돌려치는 서브 방법이다.

열에 의한 물체의 부피 변화

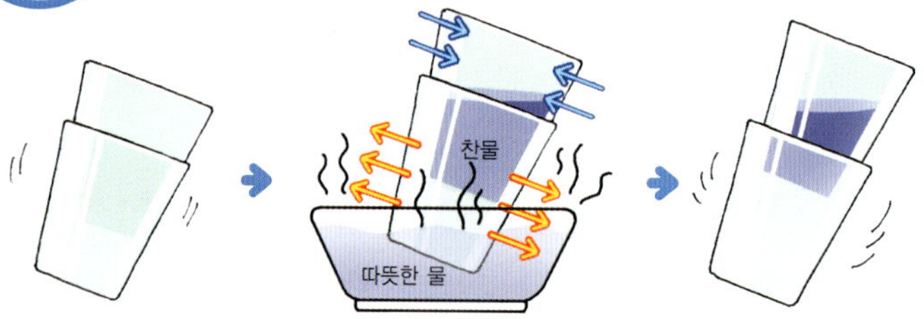

포개진 컵이 빠지지 않을 때, 뜨거운 물에 컵을 띄우고 안쪽 컵에는 찬물을 부으면 바깥쪽 컵이 열을 받아 약간 늘어나 컵이 분리된다. 이를 통해 열에 의한 부피 팽창을 알 수 있다.

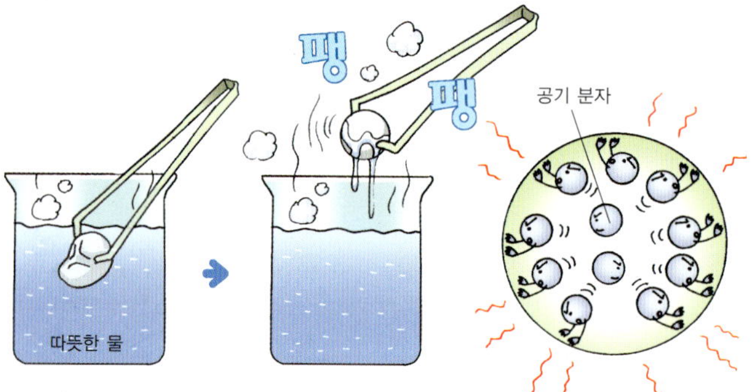

공기도 뜨거워지면 공기를 이루는 분자들이 활발히 움직여 부피가 커진다. 그래서 찌그러진 탁구공을 따뜻한 물에 넣으면 펼 수 있다.

배드민턴 속 과학

* 에지 : 공이 탁구대 모서리에 맞는 것

종목별 공의 순간 속도

배드민턴 332km/h	골프 310km/h	탁구 250km/h
테니스(서브) 246km/h	아이스하키 200km/h	야구(타구) 180km/h
야구(투구) 164km/h	축구(킥) 150km/h	배구(스파이크 서브) 115km/h

*공이 라켓이나 손, 발 등에 맞은 직후의 속도임.

어? 그런데 처음만 빠르고 떨어질 때는 느리잖아?
그래, 이것이 바로 셔틀콕의 매력이야.
셔틀콕은 강하게 치면 코르크와 라켓 줄의 탄성에 의해 빠르게 날아가지만 깃털은 공기와의 마찰이 커서 공의 속도를 순간적으로 줄인다.
코르크
순간속도 332km/h
탄력이 좋은 줄
마찰이 작다.
마찰이 크다.
깃털 부분은 공기와의 마찰이 크고, 코르크 부분은 마찰이 작아 코르크가 앞을 향하여 날아간다.
마찰이 작다.
마찰이 크다.
이번엔 둘이서 내 스매싱을 받아 내는 거야.
떨어지면서 속도가 줄어드는 공쯤이야….
어… 어, 그래도 빨라.
스매싱은 높은 위치에서 빠르게 상대방 코트로 셔틀콕을 때리는 가장 강력한 공격 기술이다. 셔틀콕은 공기와의 마찰이 크지만 선수들의 팔 회전 속도는 엄청나서 네트에서 땅으로 직접 향하는 공은 초보자들이 치기에 상당히 힘들다.

앗! 너무 앞에서 있었잖아.
뭐야! 그건 네가 쳤어야지!
먼저 자신의 구역을 잘 정해 두어야 둘의 능력을 충분히 발휘할 수 있어!
자세는 낮추고 발 뒷부분에 힘을 빼고 앞쪽에 중심을 두어 언제라도 달려갈 준비해야 해.
둘이 한 조가 될 때는 앞뒤로 서는 것이 가장 효과적이다.
자세를 낮추어 정지 관성을 줄이면 빠른 속도로 날아오는 공에 대한 동작을 빨리 취할 수 있다.
또한 공을 강하게 치려면 팔을 휘두르는 각도를 크게 해야 한다.
팔을 펴서 쳤을 때 힘이 강하다.
팔꿈치만 이용할 때 힘이 약하다.
좋아! 성공이야!
팡
협력하는 방법을 터득했으니…. 좋아, 합격이다!
만세!!

글라이딩 속 과학

좋아! 지금부터 박사님을 구하러 간다.
와, 정말!
근데 스폿, 박사님이 계신 곳을 알아?
괴한들이 맨 처음 우리들을 쫓을 때 내가 몰래 추적 장치를 붙여 뒀지!
휙
휙
휙
척
난 박사님이 위험에 처했을 때 구하도록 프로그램되어 있거든.
그럼 왜 진작 구하러 가지 않았지?
어떠한 일이 있어도 무조건 너부터 훈련시키도록 날 프로그램하셨거든.
얼마나 말을 안 들었으면….
크으…
위잉
자, 이곳 꼭대기로 올라가면 글라이더를 탈 수 있어!
이야!
글라이더?
와, 하늘을 날아서 간다고…!

행글라이더 공기의 양력을 이용해 비행한다. 동력을 전혀 사용하지 않으며 처음 높이보다 50~60m까지 떠오를 수 있다. 속도가 시속 40~120km로 빠른 편이다.

패러글라이더 행글라이더와 마찬가지로 공기의 양력을 이용하며 줄로 날개를 움직여 속도와 방향을 조절한다. 시속 20~30km로 행글라이더에 비해 느린 편이다.

그래도 왠지 겁이 나….
나하고 같이 타는 거니까 너무 걱정 마.
와, 간다! 내리막길이라 글라이더를 타고 달리기 쉽네.
타타탁
맞바람에, 풍속도 20km/h 이하라 적당한 조건이야.
타앗
그럼, 여기서도 하나 배워야겠지. 글라이더는 기류(공기의 흐름)를 타고 나는 스포츠라 날씨가 매우 중요해.
우아, 신난다! 기분 최고야!
훈련 중간에 포기했으면 이런 경험 못했을걸. 하하!
둥실
둥실
햇빛이 강할 때는 땅이 가열되어 상승 기류가 생겨 더 높이 떠오르므로 초보자들은 이런 날씨를 피하고 바람이 조용하고 기류가 활동하기 시작하는 새벽이 비행하기에 좋다.
공기 상승
바람이 많이 불 때 산 뒤쪽이나 계곡은 기류가 불규칙하기 때문에 피해야 하지.
이런 사항만 잘 지키면 글라이딩은 안전한 스포츠야.
둥실
둥실

바로 저기야!
저곳이 놈들의 기지야.
바다 한가운데 있어서 경찰들이 모르는 거구나?
자아! 이쪽으로!
이… 이렇게 좁은 길로 가야 하는 거야?
여긴 뒷문으로 연결된 길이야.
그걸 어떻게 알아?
높이 떠 있을 때 미리 기지의 구조를 파악해 놓았지.
오! 역시 만능 스포츠 로봇….

아함~!
헉!
앗!
너… 너희는
뭐냐?
으아~ 큰일이다!
길이 좁아서 도망갈
수도 없어!
도망은 무슨 도망?
오히려 길이 좁으면
1 대 1로 상대할 수
있어 좋지.
스폿, 너보다 훨씬
덩치도 크고 힘도
세 보이는데 이길 수
있겠어?
후후, 힘의
리만 알면 너도
녀석쯤 거뜬히
이길 수 있어.
감히 날 무시하다니,
고기밥으로 만들어 주지!
화악
턱
꺄아악!
휙

풍덩
첨벙
헉! 워낙 순식간에 일어난 일이라….
첨벙
우아! 저렇게 덩치 큰 사람을 한 번에 던져 버렸잖아?
이건 유도의 기술인데 내 힘뿐만 아니라 상대의 힘을 이용하는 거야.
앗! 또 와!
가만히 서 있는 상대를 던지는 건 아주 힘들다.
끙…끙…
?
하지만 저렇게 무턱대고 달려드는 상대는 중심이 불안정해 있어.
타타타탁
이얍!
그래서 상대의 달려오는 힘을 역이용하면 힘이 합해져 더 큰 힘을 낼 수 있는 거야.
화악
으아악!
발을 걸거나 허리를 이용하면 지렛대의 원리가 적용되어 더 큰 효과를 낼 수 있다.
작용점
힘점
받침점
· 작용점 – 물체에 힘이 작용하는 곳
· 받침점 – 지렛대를 받치는 곳
· 힘점 – 사람이 힘을 주는 곳

손 기술

다리 기술

허리 기술

잡기 싸움을 하는 것은 기술 걸기 유리한 자세를 취하기 위해서이다.

푹
난 몰라!
훌렁
휙
어억!
엥?
오! 멋진 메치기였다!
히히히, 봤냐 봤냐? 내 유도 기술!
호들갑은, 그래, 장하다 장해!
와아 와
뭐야?
어서, 이쪽으로 와!
저 놈들을 잡아라!
이번엔 안 놓쳐!
우르르

*메치기 : 유도에서 상대편의 자세를 무너뜨린 다음 기술을 걸어서 던지거나 쓰러뜨리는 기술을 통틀어 말한다.

누르기를 할 때는 일어나거나 구르거나 반격을 할 수 없도록 상체를 제압하는 게 좋다.

꺾기는 상대의 관절을 꺾거나 비틀어서 고통을 주어 항복하게 만들기 위한 기술이다.

온몸의 관절과 움직임

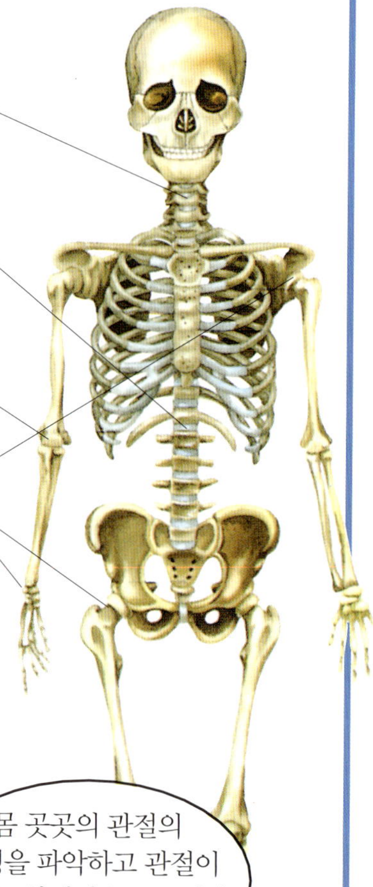

평면 관절(목뼈)
맷돌처럼 연결되어 있어서 좌우로 움직일 수 있다.

연골 결합(등뼈)
등뼈와 등뼈가 전기 스탠드의 기둥처럼 이어져 있어서 전후좌우로 움직일 수 있다.

경첩 관절(팔꿈치)
경첩과 같이 한 방향으로만 움직일 수 있다.

구관절(손목뼈 외)
펜꽂이처럼 여러 방향으로 자유로이 움직일 수 있다.

마… 말할게.
튼튼 박사는 나가서 건너편
세 번째 방에 있어!
어서 가자!
읍!
읍!
타타탁
타타탁
세 번째
방이면 여기야!
위잉
박사님!
할아버지!
앗! 너희가
여길 어떻게….
여… 여긴
위험해! 어서 빨리
떠나라!
그럴 수
없어요!

태권도 격파 속 과학

어떻게 할아버지를 두고 가요…. 이… 이건 왜 안 부서지는 거야.
텅 텅
스폿! 명령이다. 어서 아이들을 데리고 이곳을 떠나라!
안 돼!
아직 박사님을 구하는 임무가 완수되지 않았습니다.
이 재질의 변형 한계 정도면 충분히 깰 수 있습니다.
삐빗 삐삐빗
물체가 부서지는 것은 물체에 주어지는 힘이 물체의 변형 한계를 넘어섰기 때문이다.
대신 너희들의 힘이 필요해. 난 앞으로 한 번 주먹을 내지를 에너지밖에 남아 있지 않거든.
우리가 어떻게 하면 되는 거야?

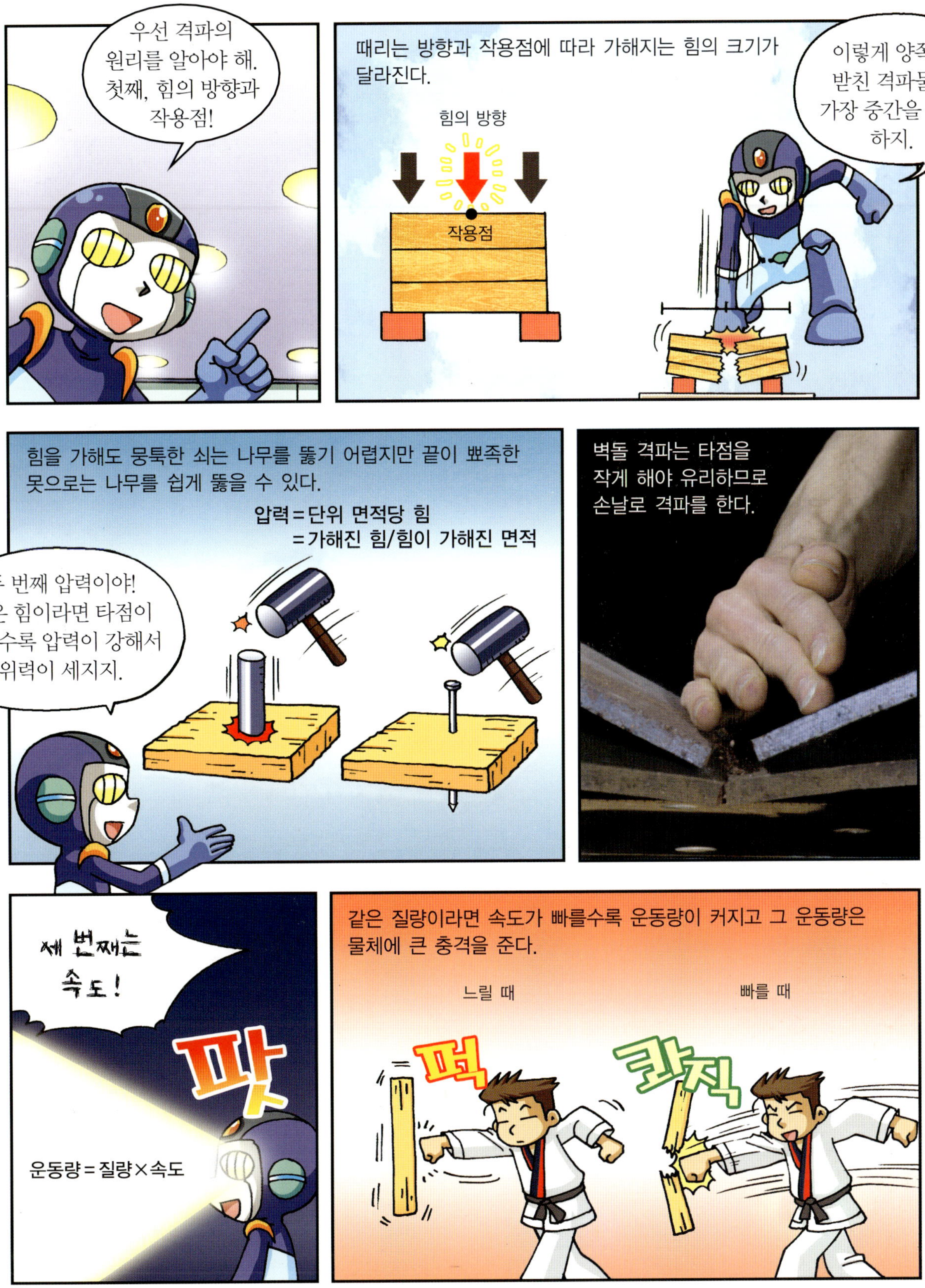

우선 격파의 원리를 알아야 해. 첫째, 힘의 방향과 작용점!
때리는 방향과 작용점에 따라 가해지는 힘의 크기가 달라진다.
힘의 방향
작용점
이렇게 양쪽을 받친 격파물은 가장 중간을 쳐야 하지.
힘을 가해도 뭉툭한 쇠는 나무를 뚫기 어렵지만 끝이 뾰족한 못으로는 나무를 쉽게 뚫을 수 있다.
압력=단위 면적당 힘
=가해진 힘/힘이 가해진 면적
두 번째 압력이야!
은 힘이라면 타점이
수록 압력이 강해서
위력이 세지지.
벽돌 격파는 타점을 작게 해야 유리하므로 손날로 격파를 한다.
세 번째는 속도!
팍
운동량=질량×속도
같은 질량이라면 속도가 빠를수록 운동량이 커지고 그 운동량은 물체에 큰 충격을 준다.
느릴 때
빠를 때
퍽
콰직

네 번째, 완충 효과를 줄이는 거야.
팔을 곧게 펴지 않으면 충격이 완화되어 큰 힘을 가하지 못한다.
완충 현상
격파물은 딱딱한 바닥에 놓아야 완충 효과를 줄일 수 있다.
부드러운 흙바닥
딱딱한 바닥
격파물은 단단히 고정되지 않으면 충격이 완화되어 힘이 제대로 전달되지 않는다.
마지막 다섯 번째! 바로 질량을 크게 하는 거지.
망치로 치는 것보다 해머로 치는 것이 더 강한 힘을 낸다.
체중을 실어 주면 팔로만 칠 때보다 강한 힘을 낼 수 있다.
팔만 이용할 때
온몸의 체중을 이용할 때
주먹보다 다리의 파괴력이 강한 것은 팔보다 다리의 질량이 더 크기 때문이다.

자, 동시에 치는 거야!
준비!
하나!
둘!
셋!
콰광
쩌저적
쩌저적
와! 성공이다!
와장창
박사님!
장하다! 너희는 역시 내 자랑거리다.
와락
할아버지!
흠~.

복싱 속 과학

후후, 역시 만능 스포츠 로봇답군….
아니…!
아주 감동적인 장면이로군. 후후!
둥
으아~! 저자가 두목인가 봐!
스폿!
에너지를 모두 쓴 것 같군.
후후! 복서! 어서 저 녀석들을 해치워!
후후! 알겠습니다.
척
걱정하지 마라. 이 주먹 한 방이면 아플 틈도 없이 끝날 테니…. 후후!

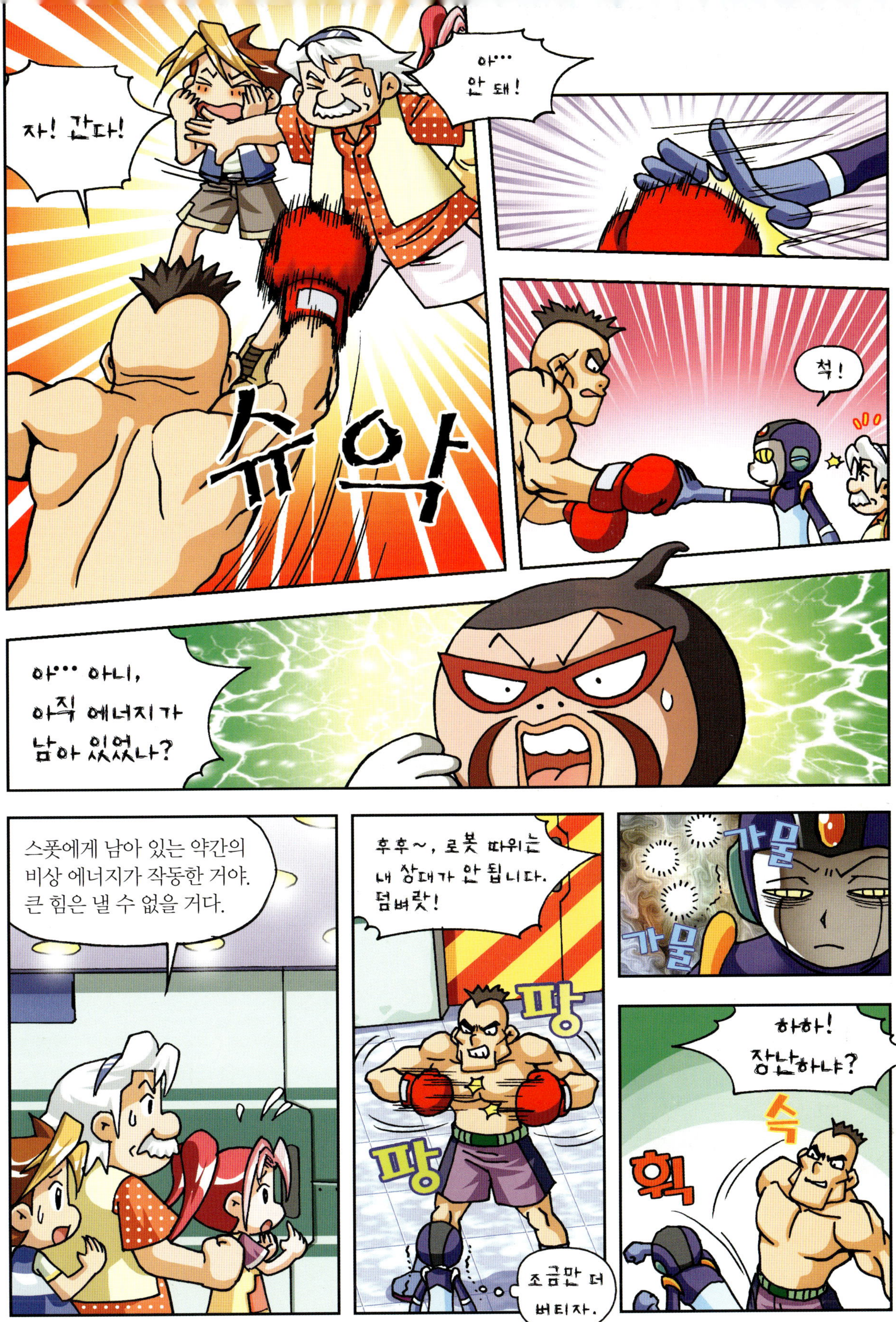
자! 간다!
아…
안 돼!
슈악
척!
아… 아니,
아직 에너지가
남아 있었나?
스폿에게 남아 있는 약간의
비상 에너지가 작동한 거야.
큰 힘은 낼 수 없을 거다.
후후~, 로봇 따위는
내 상대가 안 됩니다.
덤벼랏!
팡
팡
조금만 더
버티자.
가물
가물
하하!
장난하냐?
스
휙

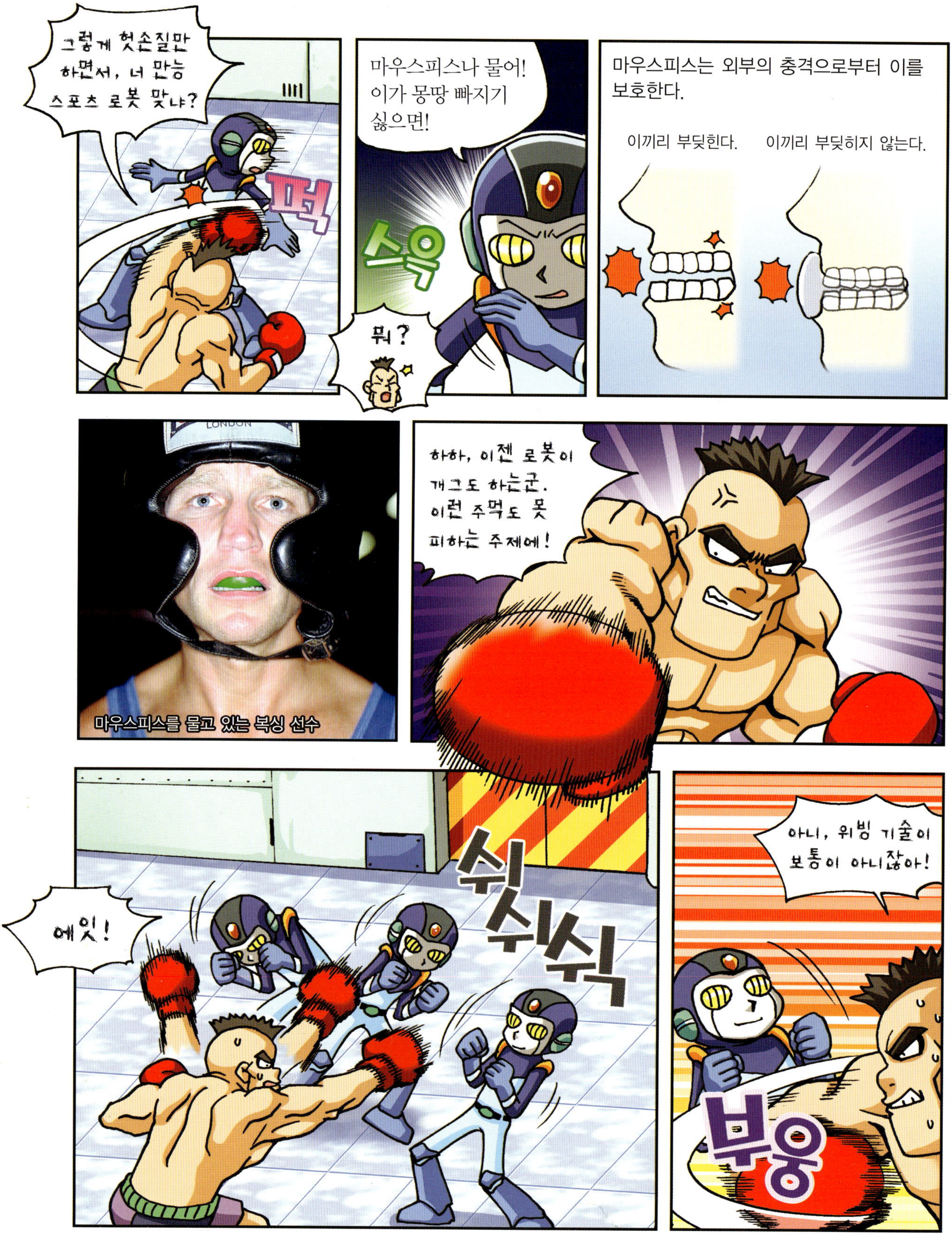

마우스피스를 물고 있는 복싱 선수

위빙은 허리의 움직임을 이용해 다리를 움직이지 않고도 상대의 주먹을 피할 수 있는 기술이다. 상대를 혼란스럽게 하고 상대의 주먹이 강하게 닿지 않도록 해 준다.
반동을 이용해 S자를 그린다.
허리를 이용한다.
위빙 기술
이리저리 날아다니는 파리는 잡기 어려워….
웅
난 만능 스포츠 로봇이야. 네 어깨 움직임만 봐도 어디로 주먹을 뻗을지 다 알지!
뭐? 뭐가 어째?
슥슥
슥
로봇 주제에 감히 날 비웃다니…!
부웅
휙
쉬익
헉!
턱
스폿 만세!
덩치만 컸지 약골이잖아! 펀치 한 방에 나가떨어지다니….
얍!
쿵

턱을 맞으면 목뼈가 지렛대 역할을 하면서 뇌를 크게 흔들게 된다. 그래서 몸의 균형을 담당하는 소뇌가 충격 때문에 제 기능을 담당하지 못해 몸을 제대로 움직일 수 없다.

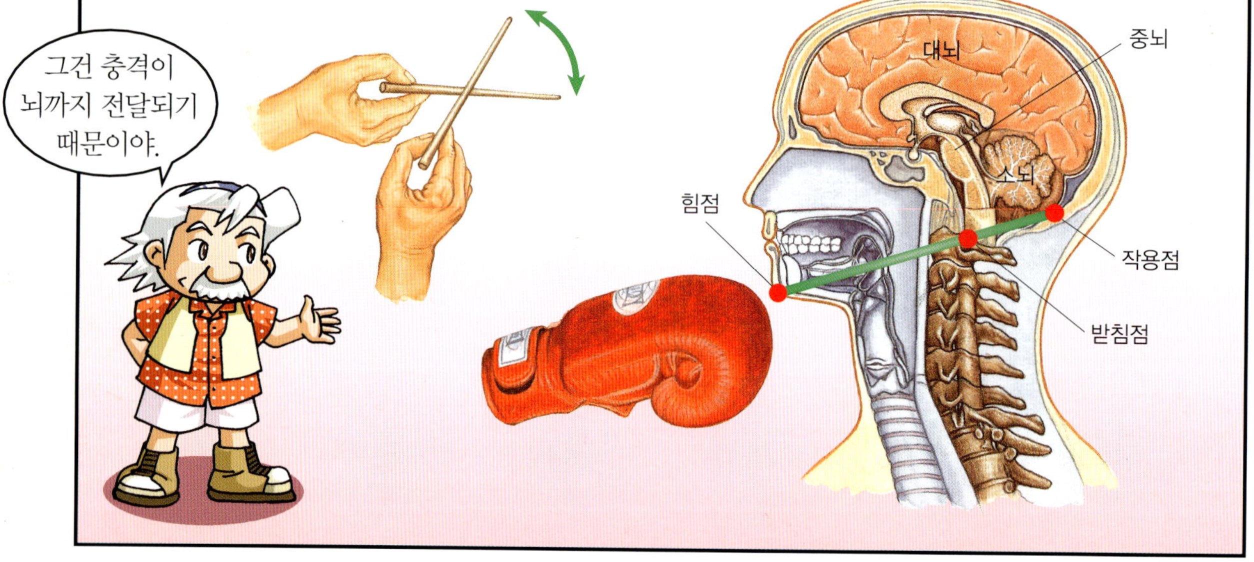

턱의 충격이 뇌까지 전달되어 중심을 잃은 선수

스포츠와 안전(부상)

운동 선수들의 부상

하지만 조금만 주의하면 대부분의 사고는 막을 수 있어.
운동하기 전 도구가 안전한지 점검한다.
음…, 이상 없군.
준비운동을 충분히 하여 신체에 무리가 없도록 한다.
운동별 안전 사항을 잘 지킨다.
운동 기구가 완전히 정지한 후에 내려오도록 하시오.
아하!
어이쿠! 아령이 왜 여기 있는 거야!
턱
그러니까 운동기구를 사용 후엔 잘 정리해 뒀어야지.
으…
꼼지가 좀 그래요….

응급 처치

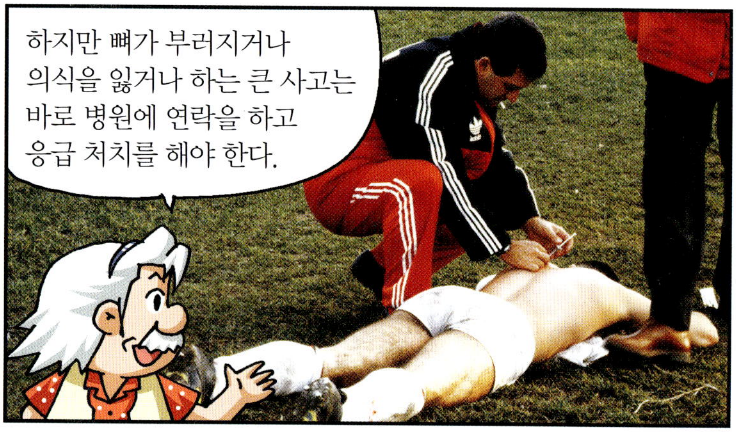

상황에 따른 응급 처치

뼈가 부러졌을 때

부러진 곳을 부목으로 고정시키고 냉찜질과 온찜질을 번갈아서 한다.

뼈 사이가 어긋났을 때

냉찜질을 한 후 부목을 대고 고정시킨다.

식중독일 때

식염수 등을 많이 마시게 하여 토하게 한 후 관장하거나 설사약을 먹인다.

뇌진탕일 때

머리를 높게 하여 눕힌 후 몸을 따뜻하게 해 준다.

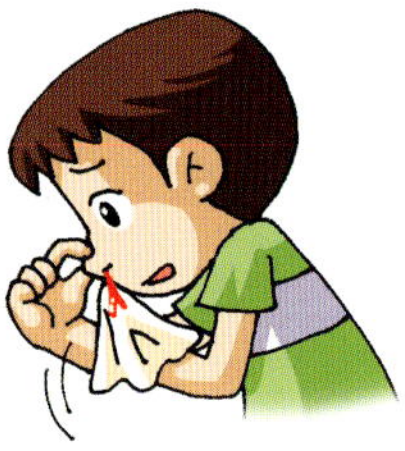

코피가 날 때

머리를 앞으로 숙이고 코뼈 밑 부분을 엄지와 검지로 누른다.
깨끗한 수건 등으로 피를 닦는다.

일사병일 때

서늘한 곳에 머리를 높게 하여 눕히고 냉찜질로 머리를 식힌다.

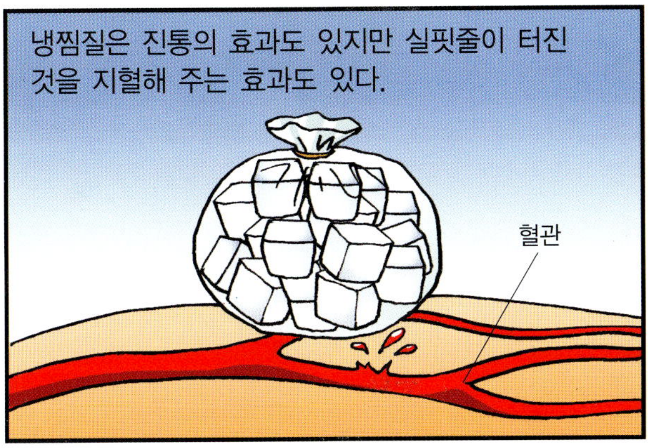

인공호흡

호흡이 정지되었을 때나 충분한 가스교환이 이루어지지 않을 때 인공적으로 폐의 가스 교환을 촉진시키기 위하여 실시한다. 숨을 불어 넣으면 압력 때문에 다시 자연스럽게 공기가 나오는 원리를 이용해 폐의 운동을 돕는다.

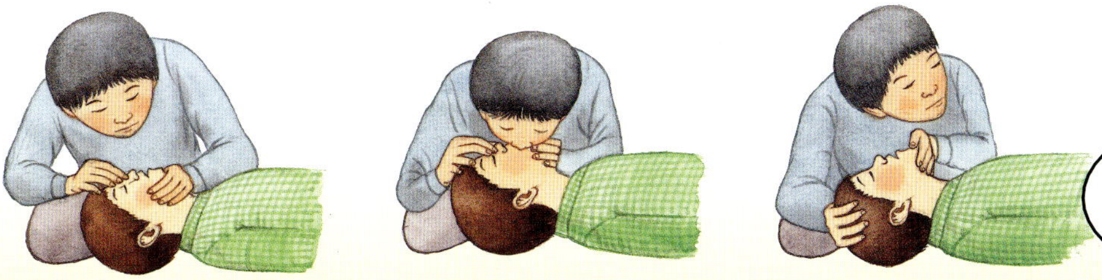

머리를 젖히고 턱을 들어 기도를 확보하고, 한 손으로는 코를 쥔다.

힘차게 숨을 내쉬며 환자의 폐로 공기를 불어넣는다.

호흡이 돌아오는지 환자의 가슴을 보며 귀로는 호흡하는 소리를 듣는다.

스포츠와 식사(영양)

점심시간이 되었으니 식사를 하러 가자꾸나. 운동할 때는 먹는 것에도 신경을 써야지.
전 아침을 늦게 먹어서 괜찮아요. 늦잠 자는 게 습관이 돼서…. 헤헤.
쯧쯧, 그런 식으로 식사를 하면 절대 신체가 발달하지 않아.
운동이란 에너지를 사용해서 신체를 발달시키는 것인데,
소화 과정
에너지
규칙적으로 음식이 섭취되지 않으면 우리 몸도 영양분을 불규칙하게 사용하게 되어 고른 발달을 방해하게 된다.
언제 음식이 들어올지 모르니 대충 아무데서나 떼어 사용하자.
찌익
찌익
음식을 골고루 먹어야 하는 이유는 음식마다 들어있는 영양소에 차이가 있기 때문이다.
난 근육을 만들어.
난 뼈를 튼튼하게 하지.
난 피로를 풀어 줘.
MILK
탄수화물
비타민, 무기질
단백질
물
지방
우리가 주로 먹는 식품에 함유된 주요 영양소들이야. 식품을 통해 이들을 균형 있게 섭취해야 하지.

식품구성자전거

식품구성자전거는 물을 제외한 6개의 식품군에 식사 섭취 횟수와 분량에 맞추어 바퀴 면적을 배분한 것으로, 식사할 때 어떤 식품을 얼마나 먹어야 하는지 알기 쉽게 나타낸 것이다. 그림은 다양한 식품 섭취를 통한 균형 잡힌 식사(뒷바퀴)와 수분 섭취의 중요성(앞바퀴), 그리고 적절한 운동을 통한 비만 예방(자전거)을 나타낸다. 식품군별 대표 식품의 1인 1회 분량을 기준으로 섭취 횟수를 활용하여 개인별 권장 섭취 패턴을 계획하거나 평가할 수 있다.

출처 : 한국인 영양섭취기준 개정판, 2010

각 영양소의 역할

탄수화물
주 에너지원, 순발력에 도움

단백질
신체 조직(근육, 호르몬 등)의 주요 구성 성분

지방
장시간 운동 시 주 에너지원, 체온 유지

비타민
주요 영양소의 기능을 돕고, 몸의 기능 유지

무기질
삼투압, 체액 조절

물
체온 조절, 영양 운반, 노폐물 배출

스포츠와 정신 건강

하나 둘
하나 둘
왜? 내 얼굴에 뭐 묻었니?
아… 아니, 왠지 네가 좀 변한 거 같아서….
너 혹시, 운동하는 내 모습에 반한 거 아니야? 히히.
어이구….
워낙 천방지축에 말썽쟁이였으니까 조금 나아졌다는 거야.
히히~ 반했으면서!
화끈
화끈
운동을 열심히 하니까 자신감이 생기고 왠지 생각도 깊어지는 것 같아.
정말?
허허, 꼼지가 운동을 하더니 몸과 마음이 건강해졌구나.
박사님!
할아버지!
그래, 그게 바로 스포츠의 매력 중 하나지.

신체가 건강해 우리 몸을 자유자재로 사용할 수 있게 되면 자신감이 생기고, 친구들과도 좋은 관계를 유지할 수 있다.
이거 넘을 수 있는 사람?
저요!
또 운동을 통해 스트레스를 해소하다 보면 화가 날 만한 상황에서도 마음을 잘 다스릴 수 있게 된다.
메롱!
겁쟁이!
평온!
평정!
그러게 왠지 요즘엔 엄지가 놀려도 그다지 신경이 안 쓰이더라고요. 히히.
음…
하핫…
하지만 스폿 생각만 하면….
나에게 스포츠의 즐거움을 알게 해 주었는데 버리고 오다니….
버리다니? 무슨 소리냐? 스폿을 데려 왔단다.
네?

스폿의 재탄생

네? 그때 부… 분명히 같이 못 왔잖아요.
하하하!
사람에게 두뇌가 가장 중요한 것처럼 로봇에게 가장 중요한 건 바로 프로그램이지.
내가 혼란한 상황을 틈타 프로그램을 바꿔 넣었단다.
그럼 스폿을 다시 만날 수 있다고요?
스윽
자! 스폿의 화려한 부활이다!
스폿?
짜안

어, 몸이
바뀌었네요?
와아, 무지
예쁘다!
예뻐예뻐,
좋아좋아~!
로봇이야,
로봇!
다시 만나
반가워, 스폿!
다시 만나 반갑다!
그럼 그동안 못한 훈련을
다시 시작해 볼까?
콱
자! 준비운동
부터 시작해!
스폿이
확실하군! 그래도
즐겁다, 히히.
하나 둘!
하나
둘!
탁
탁
그런데 프로그램을
바꿔 놓으셨다면
원래 스폿은요?
?
후후, 대신 그들에게 꼭
필요한 프로그램을 설치
했지. 지금쯤 큰 도움이
되고 있을걸.
?
흐흐…

악당 본부에선…
두목! 다녀왔습니다!
내가 한 말은 잘 전달하고 왔느냐?
물론이죠.
이건 고아원 아이들이 두목에게 보낸 사랑의 편지예요. 정말 많죠? 히히~.
아이들?
사랑해요, 두목 아저씨! 이 다음에 두목 아저씨처럼 되고 싶어요 현성이가
그리고 이건 마을 사람들이 고맙다고 보내온 거고요.
아니, 뭐 이런 걸 다….
두목님, 저희는 즐거운 수업이 기다리고 있어서 이만….
늦었다, 빨리 가자!
타탁 탁
그… 그래. 녀석들이 변했단 말야.
다들 정리해! 스폿 선생님 들어오신다!

자! 오늘의 주제는 '사랑' 이에요.
사랑
사랑하는 마음으로 대하면 상대방 마음의 문이 열리게 되죠.
사랑
총과 망치로도 열 수 없는 그런 문도 말이죠?
옆사람에게 진실된 마음으로 "사랑합니다." 라고 말해 보세요.
헉! 그...그런 걸 어떻게...
자, 모두 따라서 하세요! "사랑합니다!"
버럭
사… 랑…, 에이, 못 하겠어.
우… 우리도 해야 할 분위긴데요.
아무리 생각해도 이… 이건 뭔가 아닌 거 같아….
사랑해…
크.. 사.. 랑해요..
사랑해…
사랑해
나.. 나도....
사.. 랑해요..
네, 좋아요, 아주 좋아요!

과학을 가장 쉽고 재미있게 만나는 방법! 엄마들이 좋아하고 아이들이 열광하는 책!

초등과학 학습만화 Why?

모든 과학의 출발은 호기심과 궁금증에서 비롯됩니다.
〈Why? 시리즈〉는 딱딱하고 어려운 과학을
쉽고 재미있게 엮어 내 어린이들의 왕성한 호기심과
궁금증을 시원하게 풀어 줍니다.

우주 감수 조경철 (이학박사)
인체 감수 박용하 (한국생명공학연구원 책임연구원)
바다 감수 한상준 (전 한국해양연구원 원장)
컴퓨터 감수 김형주 (서울대학교 컴퓨터공학부 교수)
식물 감수 김태정 (한국야생화연구소 소장)
지구 감수 조경철 (이학박사)
동물 감수 최임순 (이학박사 · 연세대 명예교수)
곤충 감수 최임순 (이학박사 · 연세대 명예교수)
환경 감수 최열 (전 한국운동연합 사무총장)
생명과학 감수 박용하 (한국생명공학연구원 책임연구원)
날씨 감수 안명환 (전 기상청장)
핵과 에너지 감수 곽영직 (수원대학교 물리학과 교수)
사춘기와 성 감수 한국여성민우회 성폭력상담소
공룡 감수 이융남 (한국지질자원연구원 선임연구원)
화학 감수 김건 (고려대학교 이과대학장)
발명 • 발견 감수 왕연중 (한국발명진흥회 특허관리지원팀장)
물리 감수 김제완 (과학문화진흥회 회장)
화석 감수 이융남 (한국지질자원연구원 선임연구원)
남극 • 북극 감수 김예동 (해양연구원 부설 극지연구소 소장)
똥 감수 박완철 (한국과학기술연구원 책임연구원)
물 감수 신항식 (한국과학기술원 건설환경공학과 교수)
로봇 감수 오준호 (한국과학기술원 기계공학과 교수)
외계인과 UFO 감수 맹성렬 (한국UFO연구협회 연구부장)
자연재해 감수 이윤수 (한국지질자원연구원 선임연구원)
질병 감수 지제근 (서울대학교 의과대학 명예교수)
독 있는 동식물 감수 심재한 (한국 양서 · 파충류 생태연구소 소장)
동굴 감수 우경식 (강원대학교 지질학과 교수)
갯벌 감수 임현식 (목포대학교 갯벌연구소 소장)
로켓과 탐사선 감수 채연석 (한국항공우주연구원 연구위원)
교통수단 감수 송성수 (과학기술정책연구원 연구위원)
미생물 감수 윤철종 (이학박사 · 한국세포형태연구소 소장)
인류 감수 전경수 (한국문화인류학회 회장)
스포츠 과학 감수 백진호 (체육과학연구원 책임연구원)
응급처치 감수 윤한덕 (중앙응급의료센터 응급의료기획팀장)
별과 별자리 감수 김광태 (충남대 물리천문우주과학부 교수)
뇌 감수 신형철 (한국뇌신경과학협회 이사 · 한림대학교 의과대학 교수)
빛과 소리 감수 유건호 (경희대학교 물리학과 교수)
정보통신 감수 박기식 (과학기술연합대학원 e-Business학과 겸임교수)
파충 • 양서류 감수 송재영 (국립공원관리공단 책임연구원)
식품과 영양 감수 윤지현 (서울대학교 식품영양학과 교수)
실험관찰 감수 김기명 (전국과학교사협회 · 초등과학교사)
미래과학 감수 박지형 (한국과학기술연구원 책임연구원)
유전과 혈액형 감수 권석운 (서울아산병원 진단검사의학과 교수)
장수풍뎅이와 사슴벌레 감수 장영철 (충우곤충박물관 대표)
물고기 감수 이완옥 (국립수산과학원 중부내수면연구소 연구원)
새 감수 유정칠 (경희대학교 생물학과 교수)
생활과학 감수 최원석 (과학칼럼니스트 · 고등과학교사)
전통과학 감수 정동찬 (국립중앙과학관 과학기술사연구실장)
전기전자 감수 문승일 (서울대학교 전기공학부 교수)
과학사건 감수 조항숙 (한국과학창의재단 교육과정개발실장)
과학수사 감수 유제설 (국립경찰대학교 교수)

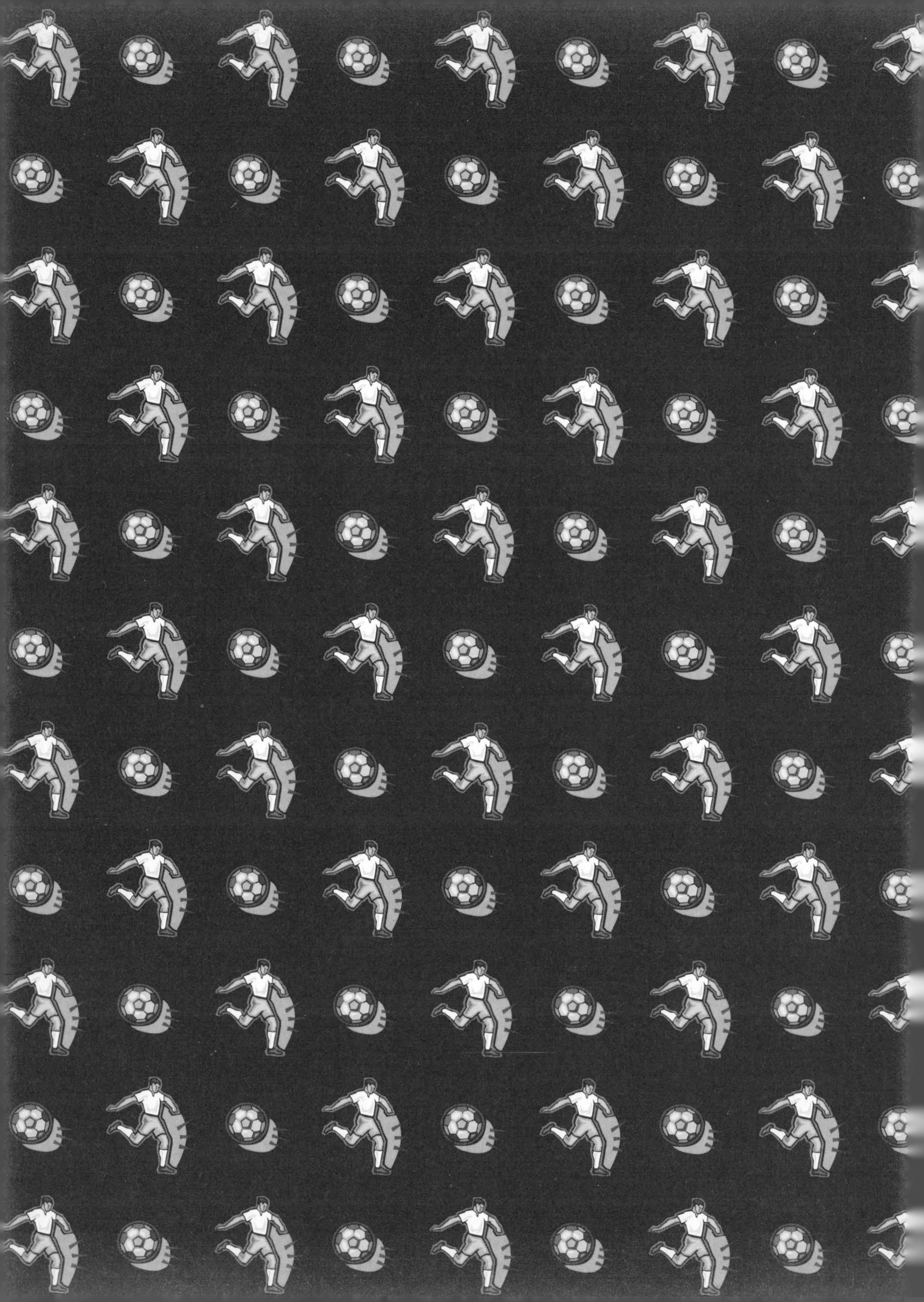